あなたにも
「幸せの神様」がついている

伊勢白山道
Ise Hakusando

主婦と生活社

はじめに

女性は古来より神様を祀（まつ）るには欠かせない存在です。

皇女である倭姫命（やまとひめのみこと）は、太陽神を背負いながらさまよい歩き、伊勢の地へと神様を導きました。これが伊勢神宮内宮の始まりです。現在の制度における神主の始祖は、女性だったのです。

子どもを産み出すのも女性です。つまり、何かを世に産み出すには、女性の力が必要なのです。

大きな発明や役割を果たす男性には、蔭から支える女性がいるものです。

家庭でも母親がしっかりしていれば、家族は安らかな生活ができます。

男性は奥さんのことを「うちのかみさん」と言いますが、これは「内の神さん」が本当かもしれません。

これから社会情勢が不安定になればなるほど、家庭や職場における女性の役割が大切だと思います。

今回、主婦と生活社から本を出すにあたり、世界の未来は女性の生き方が左右するのではないかと感じていた思いを、反映させていただきました。

人間は心が安定していればこそ、社会生活を楽しみ有意義な人生を歩むことができます。「心の幸」を得るには「なぜ自分が今ここに存在しているのか?」という奇跡を認識することが必要です。自分が生まれたことを「アタリマエ」としていると、この世では不満な心が尽きないような方向へ、自分自身が進む法則があります。

気の遠くなるような男女の連携プレーが途切れなかった結果が、自分自身です。
この連携プレーに対して感謝の気持ちを持つと、心の幸福への扉が開き始めます。
多くの女性は結婚により、自分が生まれた家系の連携プレーから外れ、男性家の連携に途中から加わり、家系を守る大事な役割があります。やはり神仏の祀りには、女性は欠かせない存在です。

これから、あなたとあなたの大切な人が心の幸福を得て、人生を好転させる方法について、お話しさせていただきます。

伊勢白山道

あなたにも「幸せの神様」がついている

目次

第1章 「幸せの神様」を迎える30の方法

CONTENTS

第2章 「幸せの神様」を大切にする日々の習慣 ―― 115

CONTENTS

第3章

装丁 森デザイン室(森 裕昌)
イラスト 藤井 恵
本文DTP ティエラ・クリエイト

第1章

「幸せの神様」を迎える30の方法

01

あなたも「幸せの神様」を預かっている

私はよく、**「人間は誰もが心に『幸せの神様』を預かっている」**と言います。「幸せの神様」が心に〝いる〟のではなく、〝預かっている〟のです。

人間は自分の幸福や願いが叶うことを、自分以外の外側に期待しがちです。でもそれより、すでに自分の心に預かっている「幸せの神様」を大きく育てる生き方をしたほうが、より早く自身の願いを叶えることができるのです。自分のお願いを外側に向けて期待して発信したところで、願いが叶わずに無駄な遠回りに終わることがほとんどです。

私たちは自分が預かる「幸せの神様」に気がつけずに、全然大事にしていません。外側ばかりに「幸せの神様」を探し回っています。

例えば他人の大事な赤ちゃんを預かった場合、とても気をつかいますよね。ケガをしないよう、風邪などひかぬよう……と気にかけることでしょう。無事に親御さんにお返しするまで、緊張して接するのが普通です。

もし、これが我が子ならばどうでしょうか？　子どもを自分の分身のように考えて、

「自分のモノだから、たとえ病気になっても自己責任だ」などと気楽なことを言う人もいるかもしれません。これが嵩じて、子どもを自分の所有物であるかのように勘違いし、子どもを思い通りに動かそうとして親子関係がうまくいかなくなる。そんなケースが後を絶ちません。

子どもを自分のモノだと思い込んでいますから、自分で子どもの命を左右してしまうこともあるのです。でも、**子どもの命は親のモノではありません。神から〝預かっている〟命です。**

これと似たことを、自分の心にいる「幸せの神様」にも私たちはしています。

日本で生まれた人間は、人種を問わず全員が天照太御神（アマテラスオホミカミ）から分神した神様を心の中に〝預かって〟います。

この心の中の神様が「幸せの神様」です。**私たちがすべきことは、自分の心に住む「幸せの神様」を成長させること。**自分自身が歳をとったときに、「幸せの神様」も立派な老神に成長していることが理想です。

そして私たちがこの世を去るとき、親神である天照太御神に、自分が預かった「幸せの神様」をお返しするのです。自分の命を粗末にしたり、自分の心の中に自他ともに傷つける言葉を思ったりすると、預かっている「幸せの神様」も傷つきます。これでは「幸せの神様」を成長させることはできません。

私たちは、自分が預かる「幸せの神様」を養い、成長させる生き方をしなければいけません。そして、生きることを神様とともに楽しむことが大事です。クヨクヨと悲しむと、預かる神も悲しみます。自分の心は自分のモノだと、好きにするのは思い上がりです。

あなたは一人ではありません。心の中の「幸せの神様」と一緒なのです。預かる神様を生かすも殺すも、自分次第なのです。

預かる神様を生かせば、自分の人生もより素晴らしく、大きく生かされるのです。

02

悩みが多い人生ほど幸せになれる！どんな状況でも自分にできる努力を惜しまないこと

人間は悩みます。絶えず悩み、不安を覚えるものです。これで良いのだろうか？もっと良い方法、別の道があるのではないだろうか？と。

この悩む行為が中途半端で不十分だと、後でクヨクヨとするものです。

人間の心配、悩みのほとんどは、自分なりに最善の努力さえしていれば、結果はどうであれ、時が経ったときに良い思い出として振り返ることができます。心配や悩みは必ず時間が解決してくれます。しかし、自分のできることをしないでいた場合は、傷として残ってしまうようです。

悩むときは、自分の心を傷つけないようにしながら、**思いっきり「明るく」悩めば良い**のです。

人間の悩むエネルギーはすごいものです。体調にも影響します。悩んでいる人は肉体と心が離れてしまっています。本人も、心では悩まないようにとわかっていても、悩んでしまうのです。これは、心が体から離れて、悩みの対象に関係する場所や人物のところへ行ってしまっているからです。

心が体から離れてしまった場合は、何をしても効果が得られず、悩みが続くことになります。

自分でもわかっていながら、対象から心が離れないのです。

このような場合はオマジナイとして、自分自身に

「○○○○（自分の名前をフルネームで）よ、自己の体に戻れ！」

というような内容の言葉を、声に出して言ってください。

そして落ち着いたら、

「生かしていただいて　ありがとうございます」

と繰り返して、心と体の融合と修復をします。

一番良いのは、悩み出しそうだと自分で気づいたとき、悩む代わりに「生かしていただいて　ありがとうございます」と繰り返すこと。これが心と体の分離を防ぎます。

この感謝の言葉には、生死の視点に自分を立ち返らせる意味があります。

そもそも悩みとは、自分が生かされているうえでのことです。生きていることを「アタリマエ」にしていると、そのうえでの欲が出てきて悩みます。

生死の視点から悩みの内容を見れば、悩みの大半は霧散します。

明るい心で悩みを克服するたびに、心は大きくなっていきます。大きな心は、人生を幸福に導きます。

03

不満だらけで過ごすとますます悪くなる

今の自分を惨めと思い、置かれている環境に感謝できるところを見出そうとせずに不満な気持ちを持ち続けると、その不満な現状さえも、後になってありがたかったと思えるような状態になります。

つまり、不満な現状よりももっと悪い状況になって初めて、過去の不満だらけのときのほうがまだマシだった、と気づくのです。

人生は、感謝の気持ちが持てるように、感謝の気持ちに気づけるように、黙々と流れていきます。現状に感謝できなければ、ますます悪い環境へと流されて、そこで初めて過去のありがたさに気づかされるのです。

どんなに不満があり、苦しくても、現状に感謝できる部分を見出して、「ありがたいなあ」と気づいておきましょう。このとき気づいたことは、心の中に残ります。この

感謝の気持ちが増えていけば、人生全体が少しずつ上へと向かい出します。

04

苦しい状況こそチャンスと思い、受け入れる

人間は、欲を出したらきりがありません。1つの願望が叶えば、また次の願望が出てきます。常に願望があるために、いつまでたっても心が平安にならず、落ち着きません。

また、願望に心がとらわれていると、現状に感謝することができません。現状が「あって当然」の「アタリマエ」のうえでの願望になってしまうからです。願望に気をとらわれていると「あって当然」なものまでも失いかねません。

何でも叶えることができそうなお金持ちでも、心が平安に落ち着いている人は非常に少ないと思います。いえ、お金を持つがゆえの余計な心配や悩みを持つ人が多いようです。

要は、今どんなに物質面で恵まれていても、いなくても、**現状への感謝ができなければ一生満たされた心境にはなれない**ということです。

また、自分みたいにかわいそうで苦しい境遇の人はいないし、その苦しみが他人にわかるはずがない、と思っている人がいます。でも、その人は実は、まだ本当の苦労を経験していません。まだ中途半端な苦労です。

真実の苦労を経験した人は……不思議なことに「生きている」「生かされている」という生死の原点を見つめ出します。それほど過酷な苦労だということです。

でもこれは、苦しさからくる自殺願望ではありません。逆に、**「生きているだけで十分だ」**と思えるようになるのです。

さらに**極限の苦労をすると、人はなぜか笑い出します。**真実の苦労を経験し克服した人に、明るい性格の人が多いのはそのためでしょう。彼らは、もともと明るい性格なのではなく、苦労したうえで明るくなるのです。もう**何も失うものがない**からかもしれません。「生かされている」という原点のありがたさを本能で知ったのです。

今、生かされていることへの感謝に気づけない人は、ある意味、幸福な環境なのかもしれません。その環境をなくさないうちに、気づいてほしいものです。

今、今……**今が大事**です。

05

自分を救えるのは自分しかいない

長年にわたり不平不満を募らせ、世の中や他人を呪うことばかりを思う人は、心の病が始まります。他人の心を傷つける人は、自分の心を自分自身で傷つけているのです。心の病が言動や行動、表情に出てきたときには、すでに本人の自制がきかない状態です。そして自分自身が操り人形のようになり、凶行に走ることになるやもしれません。このような心の病にならないためには、普段からの予防が大事です。

その予防法のひとつが、ご先祖様に感謝を捧げることです。自分が生まれた命の元に立ち返ることが、正気を取り戻すことにつながります。

心の病の始まりの本当の原因は、自分自身の弱さや逃げる姿勢にあります。逆に言えば、始まりの原因が自分自身にあることが、改善のカギともいえます。要は、心の病は自分で治せるのです。もっとはっきり言えば、自分でしか治せないのです。

心の病は、他人に頼っても完治しないでしょう。祈祷師やカウンセラーのお蔭で改善したとしても、一時的なものにすぎません。そうした療法の多くは、本人の心を縛り、さらに押さえつける方法だからです。

そのようなときは、自分で**感謝の先祖供養**を実践することが大事です。感謝の先祖供養のやり方は、161ページを見てください。先祖供養を行い、努力しながら生きることが真底からの改善を起こします。

人生は短いのです。だからこそ、生きている間は努力が大事です。

受け身のまま、何かを精神世界に期待していても何も起こりません。

06

「我良し」(自分さえ良ければ、それで良い)の考えを改める

「我良し＝自分さえ良ければ、それで良い」という考えは、「幸せの神様」が最も嫌がる考え方です。

「我良し」の考えでいると神様が罰を与えるのではなく、自分が自然と苦しい状況になっていきます。

そして、人は悩むのです。

せめて生きている間は、たとえ先行きがわからない不安定な状態だとしても、身の回りの感謝すべきことに気がつく努力をしたいものです。

手取り足取り、お膳立てされなければ感謝の心がわかない人は、すぐに感謝の心を忘れてしまいます。苦しい中でも現状への感謝に気づける人は、その感謝の心を忘れることはありません。

人間は誰でもダメな部分を持っています。苦しんでいる最中は「この問題さえ解決すれば、心から感謝ができる心境になれる」と思うものです。「だから、今は感謝できない」と……。

しかし、そのような人は実際にその問題が解決したときには、感謝の心を忘れてしまっています。楽なときはなおさら、楽しむことに夢中で感謝の心を忘れています。

苦しいときは、日常への感謝ができず。

楽しいときも、日常への感謝を忘れてできず。

では、いつになったら感謝できるのでしょうか?

今、自分が生かされていることに気づけばいいのです。

07

「お金さえ出せば良い」と思う心が災いを招く。子どもの教育も先祖供養もお金ではなく愛情、感謝が大事

「学校—先生—子ども—その親」の関係は、「お寺—住職—先祖—子孫」の関係と似ている、と思ったことがあります。

親は子どものためを思って一生懸命に働き、お金を出しているので、子どもの教育（＝先祖供養）は専門家の学校（＝お寺）と先生（＝住職）に任せておけば良いと考える人が多いようです。

でも、**どんなに教育にお金をかけても、子どもへの愛情、子どもとの接点が不足すると子どもは正しく育たない**ものです。

これは先祖供養にもいえます。どんなに先祖供養にお金をかけても、先祖への感謝の気持ち、先祖との接点（＝自分でする先祖供養）がなければご先祖様には通じなくて、成仏しがたいのです。

子どもが道を外れれば、親は苦しむことになります。同じように、先祖の中で成仏できずに迷っている霊がいれば、子孫は苦しむことになります。

子どもへのいろいろな教育方法、先祖へのいろいろな供養方法があることでしょう。どちらにも大事なことは、親や子孫が、みずから子どもや先祖に関わり、接点を持つことです。全部を他人任せにしていては、絶対にいけません。そういう人は、自分の責任も他人の責任にしてしまいます。

私の知り合いの次男が去年、難関中学に合格しました。毎日、小学校が終わると進学塾へ通っていたそうです。

塾が終わるのが夜の9時過ぎ。ご両親のどちらかが必ず毎日、片道40分電車に揺られて子どもを迎えに行かれたそうです。そして帰り道は、他愛もないことを話したそうです。

これは、子どもへの愛情がなければできません。親が高い授業料だけを出し、子どもと顔を合わせればただ「頑張れ」と言うばかりで、親自身はゴルフや旅行で家を空けていれば、果たして子どもは勝手に成長するでしょうか？

愛情と感謝の気は、どんなお経が出す気よりも威力を発揮するのです。

08

自分の心の中に「幸せの神様」が存在すると感じることができれば、死も怖くない

人間は死ぬとき、たった一人で死んでいきます。そのいよいよ最後のとき、何が自分の頼りになるでしょうか……？

魔法の言葉を知っていることは、支えになりますか？

霊験あらたかな神社や寺院を信仰していたことは、支えになりますか？

すごい霊能者を知っていることは、支えになりますか？

自分以外の存在や物を頼りにしていると、本当にいよいよのときは化けの皮が剥(は)がれるように、支えにはならないことを知るでしょう。

不安になり、迷うことになります。

自分の外にあるものを頼りにするかぎり、いざというときには何の支えにもなりません。

人間は、自分の心に「幸せの神様」が存在することを感じることさえできれば安心できます。

死がいよいよ迫っても「それも良かろう、自分の神様とともに遠足に行くだけだ」という心境に必ずなれます。

このようになるためには、**普段の生活の中で自分の心にいる「幸せの神様」を意識しようとする習慣を持つこと**です。

ただ目先の事柄に心を左右させながら時間を過ごしている人間と、日々の中で自分の心にいる神様を意識した生き方をする人間とでは、「幸せの神様」の大きさが違ってくるのです。

「幸せの神様」は、その人の良心でもあります。何もむずかしいことではありません。これをしたら他人に迷惑をかけるとか、こうしたほうが他人に喜ばれるとか……他を思いやる心が良心です。

頭ではわかっていても実行できないこともありますが、良心を大きくしようとする努力はできます。

どんなに地位や名誉、財産があろうと、あの世には何ひとつ持ってはいけません。持っていけるのは良心だけです。

あの世で閻魔(えんま)様に「何だ、その小さい良心は？」と笑われないようにしたいものです。

心にいる「幸せの神様」を意識することがピンとこなくてむずかしいならば、**日々の生活の中で自分が生かされていると感じる、ありがたいことを探してみましょう。**

09

自分が生まれたことの
奇跡を思う。
そして、生まれたからには
悔いのないよう
思いきり生きる

私たちは、この世にやっと生まれてきました。だからたまには、自分が生まれてきたことへの奇跡を思うことが大事です。

誕生日でもいいし、新年や何かの記念日でもいいでしょう。そのような思いを持つことが、自然と「幸せの神様」に感謝する心を育てます。

自分が生まれてきた不思議を思う気持ちは、一見、「幸せの神様」には関連のないように思えますが、これが「幸せの神様」に感謝をしたくなる気持ちを自己に呼び起こさせるきっかけになります。この世の中には、自分の思考が思わぬことを呼び寄せている場合が多々あるのです。ただ、その相関関係に自分では気がつかないだけなのです。

最初は日々、形だけでもご先祖様へ感謝の言葉と線香を捧げてみましょう。この**先祖供養は、必ず本人の未来へ作用します。**それがどのような形で自分の未来に反映され、影響するのかは自分自身ではわからないものです。ただ長い目で振り返ると、いろいろなことが好転しているのがわかるでしょう。

人間とは不思議なもので、感謝するぐらいは自分の意識の問題だから簡単だ、と思いがちです。しかし、それがなかなかむずかしいことなのです。普段の自分の生き方や感情が、自身の思考や行動をも支配し、作用していきます。

人間は生きていると、消化試合のように「早く時間が過ぎないかな」と思いがちです。また、とても辛いことがあると、人生を早く終わらせることを考えてしまいます。しかし、それは「幸せの神様」を冒涜（ぼうとく）することにつながります。自分の未来に良い影響を起こしません。

自分が生まれてきたことは、宝くじの当選を千回連続で引き当てるよりもむずかしいことです。それは「奇跡」だと自覚することが大事です。

人の一生は一瞬なので、できるだけ苦労する（苦労を明るくこなす）。ご利益など期待せずに、すべてに感謝する心を持つ。これができる人が人生の成功者です。

自分の心の刀が折れるまで、悔いなく生ききりましょう。

10

「明日、死ぬかもしれない」と考えてみる

生きている以上、悩みや気になることは次々に現れてきます。気にしないようにしたくても気になってしまいます。気にせず、生きていくためには……?

答えは簡単です。「明日、死ぬかもしれない」と思えばいいのです。つまらない悩みは消え去り、今すべきことを探し出せます。

生きている間、**私たちの心の成長の足を引っ張る存在**があります。それは、**日常生活での「惰性」と「慣れ」**です。

例えば、仕事のことで不平不満があって悩み、ストレスで心も体も病みつつあるA氏がいます。A氏にとっては仕事があり、給料が毎月入ることは当然な「アタリマエ」のこととなっています。

その働ける原点のありがたさを忘れて、仕事への「自分勝手な不満」を持ち、自分一人で苦しんでいます。

家族を抱えて失業中のB氏が、A氏の悩みを聞けば何を感じるでしょうか？　B氏にとっては、働けること自体が「ありがたい」ことです。

また、主婦Cさんは、夫へのストレスが爆発しています。「もう、人生が嫌になってきた」と、友人でご主人に先立たれたDさんに相談します。Cさんは、夫が存在してくれることの「ありがたさ」を忘れています。

すべては、あって当然と錯覚させる、人間の「惰性」と「慣れ」の働きです。これを打ち破るには、**日々の生活の中で生死の原点に戻ること**です。

生死を意識する人間は、強いものです。私たちが忘れている、生命の息吹を思い出させてくれるのかもしれません。これは、日常生活や社会生活での細かい悩みを吹き飛ばします。

とはいえ、嫌なことは嫌、辛いことは辛い、ものです。

そのような足を引っ張るネガティブな引力には、ポジティブな引力を持って向き合うしかありません。

ポジティブな引力は、日々の感謝を捧げる先祖供養や、神仏への感謝の参拝などの具体的な「行為」によって発生します。

例えば伊勢神宮外宮（げくう）や伊雑宮（いぞうぐう）のような場所への参拝です。

たまにはこのような場所へ行くことも、人生での大事な「行為」のひとつかもしれませんね。

11

「生きているだけでもありがたい」という気持ちで毎日を過ごす

「怖い夢を見た。
普段つけている数珠が切れた。
愛用のコップが割れた。
置物が落ちて壊れた。
……これの意味は何でしょうか？
悪い予兆なんですか？」

最近、このようなメールをいただきます。
もし私に同じことが起こった場合、怖い夢を見たなら
「あー、よかった。これで、そんな目にあわずに済んだな」
持ち物が壊れたなら
「あー、ありがたい。身代わりになってくれたんだな。感謝しよう」と私は思います。
夢の世界で物が壊れることにより、1度はどこかの世界で現れなければ済まされないことが消化されているのです。代償で済まされたということです。

また、このような嫌なことがあれば、気を引き締めて注意すれば良いのです。それらのことは生きるうえで自然なこと、普通のことで深い意味はありません。形あるものが消えゆく普通の流れのことです。

人生には、いろいろとあるものです。

ここで一番問題なのは、第三者に「どんな意味があるのか？」などと霊的な意味を聞き、「何もない」と言われて安心したり、「危険だ」と言われて恐怖心が増して動揺する人たちです。そのような人たちは、自分自身に自信がないのです。

そのような意識の持ち方では、これからも悩みが尽きないでしょう。また、正夢のように、悪い夢をみずから現実に引き寄せてしまうタイプでもあります。年齢を重ねるほど心配する癖は強くなりますから、自分で注意する必要があります。

「生きているだけでもありがたい」という感謝の心が育ってくると、前述のようなことはどうでもよいことであるのがわかります。

このような心持ちの人間には実際に大事は起こらず、なお一層ありがたい気持ちで生活できるようになります。

実際に**悪いことが起こるときや手痛い思いをするときは、事前の夢による告知はない**ものです。それどころか、**油断させるような良い夢を見たりします。**

悪い夢や変な現象の示唆があるときは、「気をつけてね」とご先祖様が事前に注意してくれたのだととらえて、ありがたく受け取りましょう。

いつも感謝の気持ちで生活すれば、何も恐れることはありません。

12

アタリマエのことが実はアタリマエでなく、ありがたいことと気づく

ある元総理大臣は、どんなに遅くなっても晩ご飯を必ず家で食べたそうです。政治家ですから、料亭での会合などが頻繁にあったはずです。それも、一人10万円くらいする超高級料亭だったでしょう。でも元総理は、料亭の料理にはいっさい手をつけずに、家でお茶漬けや魚の干物を食べていたそうです。

私なら喜んで、料亭の料理を満面の笑みで食べるでしょう。タダならば（笑）。

要は、10万円の食事でも毎日「アタリマエ」になれば、そこに感動や感謝がなくなるということです。どんなに豪華な食事でも、見るだけでゲップが出ることになると思います。

この元総理には、家で奥さんやお孫さんの顔を見ながら焼酎などをチビリと飲むのが、一日の安らぎだったのでしょう。

私たちも

「会社に行きたくない」

「家に口うるさい女房がいる」
「おかずが少ない……」
などなど、「すでにある」ことを「アタリマエ」の前提にしていると、それへの感謝を忘れてしまいます。

会社も、奥様も、食事も、なくなるときは一瞬で消えるのです。

そもそも**人間の苦悩とは、今生きていることを「アタリマエ」にしてしまうと生じる**ようです。

どんな問題も、生死の観点から振り返ると、たいしたことではありません。

例えば、
夫が浮気をした→自分が病気で明日死ぬとすれば、どうでもよいことです。夫を馬鹿な奴と笑えます。
夫が暴言を吐く→それでも自分は生きている。生かされているだけで十分と思えます。

生死の原点への感謝を持って今を振り返れば、すべてはありがたいことばかりです。

悩んでいる時間がもったいないです。

13

「生かしていただいて
ありがとうございます」

「祝詞（のりと）」とは、祝（いわう）詞（ことば）です。神様に捧げる、お祝いの言葉。つまり、神様へ感謝を表す言葉です。決して願いごとを祈願する文ではないし、悪いモノを祓う言霊でもありません。

神様に感謝を捧げる気持ちを含む言葉ならば、どんなものでも立派な祝詞になります。そして、この感謝の祝詞は神様を動かします。

実は祝詞や呪文の言葉にも賞味期限があり、時代時代で効力の強弱があります。**これからの時代は「生かしていただいて　ありがとうございます」が最強の祝詞**になります。この祝詞を繰り返す感謝想起は、人間を変化させ、進化を促します。

同じように、他人にも祝う言葉をたくさん使用すれば、自分自身も祝福されることになっていきます。

さあ、この言葉を唱えてみましょう。

「生かしていただいて　ありがとうございます」

14

苦しいときも楽しいときも感謝を忘れない

この世で生きていくことは、大変なことです。絶えず、悩みや問題が順番に起きるようにできています。

「自分は社会的には順調だし、なにも問題ない」と慢心すると、しばらく後に健康問題が浮上したりするものです。


神様から見れば、人間の一生は短く、一瞬のものでしょう。その一瞬の間に我々が何を思い、何をなすのか……。

一瞬とは良いものです。どんなに苦しいことも続かない、ということです。その代わり、良いことも永遠には続かないでしょう。

ただ、苦しいことを早く消化させ、良いことを持続させる秘訣はあります。それは「今の状態に感謝する心」を持つことです。

もし今が大変に辛い状態ならば、今、生きているだけでもありがたいと感謝することです。すると、今以上に悪くなることはありません。

なぜなら、この世で生きながら、生死の原点に戻ったことになるからです。原点に戻った人間は強いものです。あとは成長するだけになります。

困難には感謝で向き合い、

幸福は感謝しながら味わう。

人間は、不幸を感じて初めて、普通だったときのありがたさがわかる生き物です。

では、普通の状態のときから感謝できていればどうなるのでしょうか？

不幸がなかなか訪れません。

15

済んだことには執着しない。過去ではなく今とこれからが大事

過去の出来事にとらわれて、その意味を知りたがる人は多いものです。同様に、「前世は何だったのか?」と自分の過去生を知りたがる人もいます。

自分は、前世で何かしでかしたのか? どんな人生だったのだろう?……と。

でもこれは、あまり意味のないことです。なぜなら、「今」の自分がすべてだからです。そして、それらを知りたがる人の多くは、現状に満足していない人です。現状の不遇は自分に原因があると思いたくないがゆえに、前世に原因を見出したがるのです。

そもそも、人はこの世に生まれた時点で、前世の因縁のバランスを取り終えて生まれてきます。誕生時の環境が前世の答えです。

誕生後は本人の努力と、タッグを組んだ家族の努力によります。

前世の因縁を効率良く消化するために、わざわざ記憶を消して、魂を前進させるために生まれたのに、再び過去に関わるとせっかく取った貸し借りの因縁バランスを崩しかねません。済んだ過去にとらわれていたら、無用な悪因を呼び起こします。

そんな暇があるならば、現状への感謝想起をしましょう。現状にも未来にも、良い因縁を新たに生み出します。

今の自分の心が安定してさえいれば、過去は全肯定して置いておけばいいのです。そんなこともあった、で十分です。

占いやカウンセリングなどは、過去に対するものが非常に多いと感じます。でも、過去をズバリと言い当てられたところで、肝心な「これから」の未来への策に欠けています。

「これからの未来」に大切なことは、過去に縛られないことと、過去を忘れないことです。自分が犯した悪いことや自分が受けた嫌なことを忘れると、再び同じことを行ってしまったり、自分では気がつかない心の病の原因になります。

過去を忘れることなく、しかし過去に縛られずに前向きに生きる。過去を潔く認めて置いておき、今とこれからを精一杯生きることが大事です。

16

「良くなりたい」と思う志を持つ

人間は志が大事です。

「自分みたいなダメ人間は、大きな志を持ったところでムダである」などと考えてはダメです。

そう思えば、その考え方や行動に見合った人物しか寄ってこないからです。

「何か人のために尽くしたい」と思っている人には、同じような志を持つ人が寄ります。さらに同じ志を持つ神様も寄ってきます。

そして、その人物を応援して守護してくれます。それが他の多くの人たちを助けることになるからです。

ですから、神の守護を求めるなら、「自分を守ってください」と願うのではなく、まず他人を助けることです。そうすれば、神様は頼まれなくても自然とあなたを守ってくれます。

これが正しく早く、神様からの「助け」を受け取れる真相です。

また心の中の「幸せの神様」は、本人が良い志を持っていると表面に現れてきます。そして本人の顔相も良くなり、生活環境も徐々に良いほうに変化していきます。

ただ、本人の志が悪いほうに変われば、「幸せの神様」は心の奥に隠れてしまいます。


人間はイライラしたり、腹が立ったり、悲しんだりしても良いのです。ただ、「自他ともに良くなりたい」と思う志をなくさないことが大事です。良い志を持つかぎりは、同じく良い志を持つ仲間や神様が寄るものです。

良い志を持ちながら、ご先祖様を敬い、日々への感謝を忘れなければ、のちのち「あのとき、自分は変わることができた」ことに気づく日が必ず来ます。

良い変化を起こすことは、むずかしいことではありません。

17

どんな過去があっても大丈夫。「今から」やり直せる

私たちは日々、いろいろな感情を持ちます。悔しい思い、心配、怒り、不安、喜び、希望……。心は休むことなく、絶えず動いています。そして、このいろいろな感情ごとに色があり、自分の体のオーラの色として現れています。

人間の感情は、負の感情と正なる感情を合算して、打ち消し合います。そして残った多いほうの感情が、その人物を現すオーラの色を出すのです。

だから一日のなかで、仕事中に悩んだり、怒ったり、恨んだりしてもいいのです。ただし、**一日の終わりにその負の感情を上回る良い感情を持ち、上書き修正しておくことが大事**なのです。

怒ったまま寝てしまうことは良くありません。その日、一日の負の感情が自分の心に刻み込まれてしまうからです。

「今日も一日いろいろあったが、生きているだけでもありがたい」と心で思って終わることが大事です。

しかし、悪い感情を持つなと言ったところで、それは歪んだ抑圧で無理に心を押さえることになります。あとで心や肉体の病気となって現れることもあるし、押さえ込まれた感情は良からぬ行動への起爆剤にもなり得ます。

怒りや不安、性的妄想などの悪い感情が出てきたときは、それを自分自身で観察できる理性だけは保持しましょう。「まったく自分は困った奴だなあ」と思えば良いのです。

浄土真宗の宗祖である親鸞（しんらん）は自分の愚かさを観察して、それを素直に認め受け入れました。自分ほど頭が悪く、誰よりも好色で愚かな人間は世の中にはいない、と。だから仏様に心を寄せながら生きるしか道はないと深く求道されました。その結果、心の大安心に至られました。

私たちも感謝の先祖供養をひたすら実践して、余計な悪い気を消化することが大切です。

古来より大きな仕事を成し遂げた偉人をみると、大いに怒り、大いに泣き、大いに異性を愛した人物が多いのがわかります。大きな悪い感情も持つが、それを上回る善なる感情を持ち、実際の善なる「行動」に昇華させることができた人です。悪にも善にも振れ幅が大きいということは、心の容量が大きな人ともいえます。

生きている間の善なる行動は、悪い想念を打ち消してなお、たくさんの「お釣り」を残してくれます。

悪い感情に支配されそうになったときは、それを自分で観察しながら、偽善でもいいから何か善なる行動ができないか、立ち止まって考えてみましょう。

取っかかりは偽善でもいいのです。続けることができれば、それは大きな本当の善になります。

すべての行動が、未来の自分をつくります。だから未来は不確定であり、変わるものなのです。

過去がどんなに罪深くても大丈夫。生きているかぎり「今から」が大事なのです。

18

失敗しても明るい心を持つことが大事

人間は、自信をなくすともろいものです。自信をなくすと、どんどん消極的な選択をしてしまいます。

人生における成功のきっかけとは、最初はほんの些細なことです。何としてでも成し遂げる自信を持てるかどうか、成功の保証がなくても努力を維持できるかどうかです。

成功したいのなら、たとえ最初は失敗しても、叩かれても、フツフツと心に明るい種火を絶やさないことが大事です。明るい心が先行きを照らし出し、道を示してくれます。自信をなくすとは、この明るい心の種火を自分で弱めてしまうことです。

人間の心には、本当に神聖な種火が存在します。この神聖なる炎を消してしまうと、人間は廃人のようになってしまいます。種火が本当に消えたときは、死んでしまうかもしれません。この種火は、「幸せの神様」の光ともいえます。

自分さえも信じられない人間は、他人を信じることはできません。ましてや自分の中の「幸せの神様」を信じることは、なおさらにむずかしいこと。これは不幸なことです。

では、心の種火が消えかかったとき、復活させるにはどうすれば良いのか？

性格改善セミナーなどで、暗示的に心が明るくなったところで、それは一時的な高揚感にすぎません。宗教も似たようなものです。

心の種火は、自分で復活させるしかありません。種火が復活すれば、心が明るくなります。なぜか自信がわいてきます。叩かれても打たれても、耐えしのぎながら、虎視眈々と復活を狙えます。

種火を復活させるには、ご先祖様を供養すること、そして神様へ感謝を捧げること。

この2つが、最も効果があります。

19

他人に施した善行に見返りを求めない

「〇〇のために、わざわざ良い行いをしてやったのに、その人から感謝されなかった」

自分が他人へした行為に対する見返りや期待が心中にあると、このような感情を持つことになりがちです。

例えが悪いですが、他人にお金を貸す場合のことを考えてみてください。「返してもらえない可能性もあることを覚悟して貸すべきだ」と世間ではよく言います。これは、事実を言い表しています。

借りるときは、誰しもきちんと返済するつもりでしょう。しかし、現実には踏み倒されることが少なくありません。借金の申し込みを断れないのならば、「返ってこなくても仕方がない」と覚悟して貸せばいいのです。

他人のためにした行為には、その反応や見返りを期待せずに一方通行であることが大切です。

ところで、他人への善行が相手には迷惑な場合もあるでしょう。相手の立場を深く考慮せずに、自分の独善感や自己満足で行う場合もあるものです。

それを逆手に取られ、非難されることもあるでしょう。

しかし、私は**自己満足の善行で良い**と思います。「他人」にしたことが大事なのです。評価の是非は別にして「他人のため」に行うことに意味があります。ただし、相手からの良い反応は期待しないことが大事です。


例として、親子間を考えてみましょう。

親が子どもに相談せずに、高価な服を買ってきたとします。子どもはその服を見て、「こんな服は嫌いだ、絶対に着ない！」と見向きもしません。無理に着せようとすると、ケンカになります。親にすれば似合うと思い、着た姿をひと目見たかっただけなのに……。

後年、親が死んだ後にタンスを整理すると、昔に大ゲンカして一度も着なかったその服が大事に保管されているのを見つけました。すでに人の親になっていたその子どもは、涙を流して親の愛を思い出します。

要は、他人からの評価には時間がかかるということです。レスポンス良く、すぐに良い反応が得られないからと悲観してはダメです。

自分が良かれと思って他人へした行為は、最初は罵倒されても時間が経てば必ず相手の心に引っかかり、気になるものです。

なぜなら、「自分自身に関わってくれた」ということに相手が気づくからです。

ケンカくらい、良いではないですか。ケンカするにも、相手が必要です。

だまされた？　良いではないですか。次からは相手をしっかり見ましょうね。

他人と関わり合うことは素晴らしいことです。他人と関わらない人生の選択は、つまらない人生になります。

20

罪を犯したら、許さないのは神様ではなく自分の良心

生きていれば、過ちや後悔すべきことをした経験があるものです。こうしている今、このときにも悩んでいる人がいるでしょう。

では、生きている間にした間違いや過ちを、神様は許してくれるのでしょうか？
そもそも、「許す」「許さない」の采配は、心の外にいるような神様がするのではありません。

では、人間が神に許されるとは、どういうことでしょう？　悪事をしても自分に悪いことが起こらなければ、許されたことになるのでしょうか？　バチが当たれば、神が許さなかったことになりますか？

本当の神は、許すも許さないもありません。私たちとともに、楽しむか悲しむかするだけです。

あえて言えば、罪を犯せば自分の良心が許してくれません。
悪事を働いても、表面上「自分は悪くない」「相手にも非がある」などと自分をごまかしたり、罪を忘れることはできます。

しかし、心はそういきません。自分でも忘れている罪の意識があれば、自分の死後に自責の念が増幅されます。

そして、自分で自分を裁くことが始まるのです。「許す」「許さない」の鍵をにぎるのは、自分の良心＝「幸せの神様」です。

自分が悪いことをしたと思うならば、それ以上の善行を、見返りを期待せずに実践すれば良いのです。

人間の罪とは「潔ければ罪はなし」なのです。

罪を犯しても、それを認めて、その裁きがあるならば受ければ良いのです。「裁きから逃げたい」「罪を軽減させたい」という考えがあると、神に許しを乞い、不安に悩むというみっともないことをします。

誰の心にもいる「幸せの神様」とともに、思いっきり生きれば良いのです。自分自身に起こることはすべて潔く受け入れて、良いことも悪いこともありがたく味わうのです。

そこにあるのは、ただただ現状への感謝の思いです。

自分が罪を犯すことは「幸せの神様」にも罪を犯させることになります。それでは「幸せの神様」は、しぼむばかりです。

これはとても申し訳ないことです。

「幸せの神様」がしぼめば、自分の人生もしぼんだものに必ずなります。

一緒に生きる「幸せの神様」を、喜ばせるのも悲しませるのも自分次第。

できれば**「幸せの神様」を喜ばせる生き方をするのが望ましい**のです。

21

嫌な相手に対して放った「バカヤロウー！」は必ず自分に返ってくる

人間が社会の中で生きていくことは、ストレスが生じやすいようにできています。私たちは、この環境を選んで生まれてきたと言っても過言ではありません。

嫌なことはたくさんありますが、「生かしていただいて　ありがとうございます」と思うことにより、明るく受け止めることができるようになります。

この感謝想起（＝生かしていただいて　ありがとうございます）を知らない人は、嫌な人に会うと表面では何気なくふるまいつつ、心中では罵声を浴びせているでしょう。それが人間として正常な反応です。

しかし、相手に向けて「バカヤロウー！」と思った気は、必ず自分に跳ね返ってきます。この世では、自分が発した気持ちは、良いことも悪いことも己に回帰する仕組みになっているのです。

他人に向けて悪口や罵倒の気ばかりを出す人は、その後に気持ちが沈むようになり、実際にそのような場面も起こりやすくなります。

いくら自分が正しいと確信していても、呪いや罵倒の気持ちの言葉を発していては自分が損をするのです。

そんなときは**怒りのパワーはそのままで、言葉だけでも「生かしていただいて ありがとうございます」とし、露骨に相手に向けて気を発散しましょう。**

これで自分も救われ、相手も救われます。

相手に非があるならば、改心させるような現象が実際に起きます。

自分に非があれば「以後、気をつけよう」といった反省の気持ちが起こり、いつまでも怒りを引きずることはなくなります。

人はやはり、強く明るく楽しみながら生きたいものです。

22

自分のことを好きになる

多くの人は「自分には何か憑いているのではないか？」とか、「自分に縁がある神は何だろうか？」とか、「私の守護霊はどんな人？」……などと気にします。なかにはみずから「自分の守護神は○×△神である」と誇らしげに吹聴する人もいます。

しかし、何が憑いていようと、この現実の社会の中ではただの人間にすぎません。生まれたからには、老いていくこと、病気になること、必ず一人で死んでいくこと……それらから逃れることはできません。

貧富や身分も関係ありません。

それらは誰にでも平等にやってきます。

そうはいっても、楽そうな人生を送っているように見える人や幸運な人たちを見ると、何か特別な神に守られているのではないかと羨ましく思いがちです。そして、頼りない自分のご先祖様よりも、外に祀られている神様を重視しがちです。

でも、これが自分の運勢を弱くする考え方なのです。

人間は、自己の中に「幸せの神様」という〝生きている〟神様を預かっているのに、これに気づきもせず、目もくれず、外に祀られているすでに死んだ神様や弱い神様を好みます。そして、「守護神」や「守護霊」と呼び憧れます。

これは悲しいことです。宝の持ち腐れです。

せっかく誰もが「幸せの神様」を預かっているのですから、この神様を大きく強く育てれば、自然と守ってもらえるのです。

「幸せの神様」を大きく育てるには、ひとつ条件があります。それは、自分のことが好きであることです。

自分のことが嫌いな人は、「幸せの神様」を心の奥に閉じ込め、外にいる神様を信仰したがります。でも、**あなたにとって最強の神様は、自分〝だけ〟が預かる、マイ「幸せの神様」**なのです。

神社にお参りすると、自分の中の「幸せの神様」が感応します。

自分のことが好きな人は、拝殿から温かい優しさを感じます。
自分のことが嫌いな人は、拝殿では厳しさや恐れを感じることでしょう。
同じ神社でも、ね。

幸せな明日を迎えたいなら、自分のことを好きになりましょう。それだけで、あなたは一歩先に進めるのです。

23

心と口には
良い言葉を

人間が話す言葉には、「気」が含まれています。他人の悪口、自分自身を非難する言葉、卑猥（ひわい）な言葉……。これらの言葉は、その内容に見合った気を呼び寄せます。

このような悪い言葉ばかりを口から発する人間は、知らないうちに悪い気に巻き憑かれています。悪い気に取り憑かれると、良いことはありません。

逆に、人を喜ばせる言葉、励ます言葉、慰める言葉を発する人間は、その内容に合った良い気を帯びているものです。穏やかな日常を生きていけるようになります。

悪い言葉は悪い気を、良い言葉は良い気を運ぶのです。

同じように、人を恨めばその思いは自分に降りかかり、人に怒りを覚えれば、いずれ自分の肉体に怒りの気が反映します。

こうした思いは、相手との関わりが深いほど大きくなります。

例えば、一度すれ違っただけの他人よりも、親子、兄弟、親戚といった近しい間柄のほうが感情のもつれは大きくなるのです。

そして溝ができると、生半可なことでは修復ができません。これは、過去生で縁があった者同士が、前世で貸し借りの決着をつけることができなかったために、再び今生でも夫婦や親類として接触するように生まれてきたからです。

家族間でトラブルがある人は、今生で決着をつける意味でも、明るく妥協点を見出してやり過ごすことが大事です。また来世に持ち越すのは嫌ですからね。

また、人を恨んだり呪ったりというマイナスの感情が起きるたびに、感情を抑えられずにいたのでは結局自分が不幸になるだけです。

まず、許すこと。相手のことを「私は○○を許します」と実際に言葉に出して言ってみましょう。

物事を大きく解釈して他人を許せるようになると、自分の中で何かが解放されます。すると「幸せの神様」が自分の内面からポンと表に出てくるのです。そしてあたたかい心境になれます。

不思議なことに、本心ではなくても他人を誉めたり喜ばせたりする努力を継続していると、本当に相手にも自分にも良いことがあるのです。

そのうち、心から本当に他人を喜ばせたくなります。最初は努力で作った良い気の流れが勢いを持ち始め、独立して作用を始めるのです。

幸せになりたいと願うならば、優しく思いやりのある言葉を選んで、他人に向かって口にしましょう。お金も時間もかからない、カンタンなことです。

今日、あなたはどんな言葉を話しましたか？

24

子どもには「期待しない愛情」を

我が子はいくつになってもかわいいものです。

自分自身の分身のように思い、子どもが苦しんでいると、まるで自分の苦しみのように錯覚することもあります。

でも、子どものことでなぜ辛くなるのでしょうか？ 妊娠から出産、長い学校生活、そして卒業。この期間に親がかけた時間、労働、お金、愛情……は、とても数字では表せないものです。まさに、親の人生をかけているのです。

人生をかけていますから、どこかで子どもに期待をするでしょうし、子どもへの夢も持つでしょう。

でも、そんなふうに自分の人生を費やした子育てで、その「期待」が叶えられそうにないと感じ始めたとき、苦しみが発生し出すのです。

つまり、**子どもに過剰な期待をしなければ苦しみもない**わけです。

「期待をしない愛情」「一方的に与えるだけの愛情」を持って子育てをするためには、

親の心が強くなければできません。

子どもを二十歳まで育てたならば、公的にも親の責任は終わりです。親は子どもを当てにせず、自分の中の「幸せの神様」とともに余生を楽しむことを考えていけばいいのです。

そして、子どもに対しても、親を当てにしないように育てていくべきです。

いずれ親は子どもより先に死んでいくのですから、子どもを助けることにも限度があります。

親から子どもへの暗黙の期待が、子どもを苦しめていることも多いのです。

25

他人との関わりの中で心が成長する

生きているかぎり人間は、**他者と関わり続けます。他人からの良い刺激も、悪い刺激も、自己の成長のためには絶対に必要**だからです。

他人に冷酷なことができる人もいれば、他人を助けようと奔走する人もいます。他人からの善悪両方の刺激を受けて人の心は成長し、良心が生まれ育つのです。

学校や職場でイジメられる、ご近所づきあいで嫌な思いをする……。良いではないですか、自分の心を成長させるための刺激だと思えば。何事も明るく受け止めればいいのです。これを苦にして避けていると、心の成長は止まり、心の腐敗に進んでしまいます。

もし、他人から不純な悪い刺激を受けたならば、自分の中にある同質なものを捨てていきましょう。他人から悪口を言われて嫌ならば、自分が他人の悪口を言うことを捨てれば良いのです。

他人から良いことをされて嬉しかったならば、自分も他人に同じことをすれば良いのです。

これが進むと、最後にはどんな心になれるでしょうか？
周りの人をあたたかく包み込めるほど大きく成長した心を持つ人になれます。

26

都合のいいときだけ神様に頼り、便利屋扱いしない

宮本武蔵の『五輪書』にある、「佛神（ぶっしん）は貴し、佛神をたのまず」の言葉は有名です。神仏を尊び大事にするが、頼ることはしない。神仏とは尊い存在なので、頼みごとをして働かせるわけにはいかない。神仏を働かせるぐらいなら自分でします、とも解釈できます。

この短文には、神と人間との正しい関係がズバリ表現されています。

太古の人間は、大地自然の中に神の姿を実際に見て感じていました。その時代には、神様とはひたすら恐れ、尊び、感謝し、祀り上げるのが当然という存在でした。でも、人間に「我良し＝自分さえ良ければ良い」の心が芽生え始めるとともに、そのような意識は低下して、恐れ、尊び、感謝を捧げる存在から、神様は人間に都合がよく、なぜか頼みごとをするときのパシリ的存在になってしまいました。

神様を使役して願いを叶えようとするのは「我良し」の心です。神様に個人の欲望を願うことは逆効果を呼ぶか、良くても何も変わらないのが現実です。

願いごとがあるのならば、自分で努力して実際に行動することです。もしくは、他人へ奉仕すると、己を良い方向に導く気が蓄積します。その行動が小さなものであったとしても、ときには思いを上回る良い影響を自分自身にもたらします。

神様にお願いしてやってもらう、というのは思い上がりです。**神様を利用すればバチが当たる**のが真実です。

神様は、人に頼まれなくても世の蔭で頑張っておられます。この「アタリマエ」の環境を人間に提供するために。

でも、誰も神様に感謝を捧げずに、逆に依頼ばかりしてきたので、さすがの神様も痩せてきてしまいました。これ以上、神様を痩せさせるわけにはいきません。

神様には願いごとなどせず、感謝を捧げること。神様に感謝を捧げていれば、良いことはあっても悪いことはありません。

27

死ぬときにあの世に持っていけるのは「幸せの神様」だけ

この世を去るとき、私たちは何ひとつ持っていくことができません。裸のまま必ず一人で死んでいきます。

持参できない金・物・人などにとらわれて生きている間は、私たちは争ったり、罪を犯したり、悲しんだりしてしまいます。

いずれ消えてしまうモノのために、神をも利用し、自分の命さえも粗末にしようとします。

生きている間は、この幻ともいえる金・物・人に対して、執着せずに大いに楽しめれば理想かもしれません。

でも、ただひとつだけ、あの世に持参するものがあります。

それは、あなたが心に預かっている「幸せの神様」です。この「幸せの神様」を、生きている間にどのように育てるかが問題です。

怒りや悲しみの感情は、「幸せの神様」を傷めることになります。

感情には癖が生じるものです。怒り癖、嘆き癖、非難癖、逃避癖、恨み癖……いろいろあります。

怒ってばかりいると怒り癖がつき、些細なことにも怒り出して治まらなくなっていくものです。

怒っている最中は、もう一人の自分自身が状況を傍観していて、怒りに身を委ねることを心地よく感じている場合もあります。まるで何かに憑依(ひょうい)されているように……。

そのような状態の人物の気には、本当に頭部に鬼のような角が生えていたりします。

また、かなり昔の些細なことを思い出しては、恨みに燃える人もいます。他人には、どこに問題があるのかさえ理解できない内容でも、その人は真剣に恨んでいます。

そのような人の気は、蛇の形をしています。そうなると、もう自制がきかなくなってしまいます。

この**感情の癖は、自分の努力で治すことができます。**つまり、悪い癖は自己努力で防げるのです。

前述のような鬼や蛇を心の中に育ててしまうと、「幸せの神様」が傷つきます。「幸せの神様」が傷つくと、必ず肉体にも反映されて病気となり現れます。

そんなときは、**感情に良い癖をつけてくれる言葉を口にすればいい**のです。

「生かしていただいて　ありがとうございます」

これで心身ともに健康になれます。

28

選択に悩んだときは他に頼らず自分で決断する

私も人間ですから、生きていくうえでいろいろなことがあります。ただ、私は常に「生きているだけでありがたい」という視点で、それらの問題を考えます。すると、まず短気な怒りの感情は起こりません。問題に対して、どっしり構えることができます。そして、相手がある場合ならば、相手の立場に立った視点も見えてきます。

自分のプライドや短絡的な怒りの感情だけで、後先を考えずに仕事を辞めてしまう人がいますが「生きているだけでありがたい」と思える視点があれば、選択は変わるでしょう。

この感謝の視点は、人を自然と忍耐強くします。

もし、私が何かを選択しなければならない岐路に立ったとしたら、選択した場合に起こり得るすべての悪いパターンを考え出します。

その最悪のパターンを踏まえ、納得したうえで、感謝の視点に立って自分自身で選択します。決して、他人の力を借りようとはしません。他人の意見に依存して決めたことは、必ず後悔するからです。

もし、あなたが他の何かに頼って目先の幸福を手に入れたならば、それは本当の幸福ではなく、すぐに消えていくものです。

人生とは、どの道を選んでも困難があるものです。生きている間は魂の成長のために、人生にいろいろと問題が起こるものです。

これを避けようとするから迷い恐れて、本当に問題が生じるのです。**はじめから困難を受け入れるつもりで物事に当たれば、逆にうまく進む**ものです。

困難を自分の力で明るく乗り切ることができれば最高です。

29

いろいろな人が自分を支えてくれている

「おかげさま」という漢字は「御蔭様」と書きます。辞書には「他人から受けた助力や親切に対して感謝の意をこめていう言葉」の意味だとあります。漢字の「蔭（かげ、隠れた）」の文字が使われているので、自分が認識している特定の相手への感謝ではありません。自分では気づいていない、援助してくれる多くの存在が蔭にいて、自分が「生かされている」ことへの感謝を表す言葉だと感じます。

でも、自分が気づいていない、感謝するべき相手を知ることは、むずかしいことです。蔭に隠れているからなのか、自分の眼が曇っているからなのか……気づいてはいるが認めたくない、感謝する気持ちになれないと、自分の恩人に気づけないのです。隠れた大恩人は誰にでもいるものです。もしいなければ、私たちは生きていけません。

今がどんなに苦しくて惨めな境遇であっても、今生きているということは、蔭に誰かが支えてきてくれたのです。

それは誰なのでしょう？

人間は愚かな面がありますから、蔭で支えてくれている存在をなくして初めて気がつくのです。蔭で支えてくれる存在が生きている人間の場合、その人が死んで初めて深く認識できることになります。自分の人生の一時期に関わってくれて、支えてくれたと、その人の死をもって初めて素直に認知するのです。

「御蔭様」が誰なのか、その存在が生きている間に気がつくことができれば、後々の自分の心に後悔はないものです。また、その人への態度も変わります。生きている間にそのように修正ができることは、稀有(けう)なることであり、素晴らしいことです。**「御蔭様」に気づくためには、自分が今「生かされている」という視点で周りを眺めること**です。

「生かしていただいて　ありがとうございます」の視点で、仕事や家族、縁ある人々と対峙(たいじ)すると、細かいことは気にならなくなり、相手を受け入れることができるようになります。

30

目線を変えて物事を考えてみる

人間は、「アタリマエ」の基準が人それぞれに違います。

私が小学生のころ、昭和40年代の話です。私の家にはお風呂がありましたが、友人の家にはありませんでした。夕方になると、一緒に遊んでいた友人は遊びを切り上げて、銭湯に向かうのです。それが、私にはなぜかおもしろそうで、うらやましくさえ思っていました。

母親に銭湯に行かせてほしいと頼みましたが、家にあるからダメだと言われ、相手にしてもらえませんでした。でも何度か頼んでいるうちに母親は根負けして、銭湯セットを用意してくれました。

最初の数日間は友人と嬉々として銭湯で遊んでいました。が、だんだん慣れてくるとおもしろみがなくなり、雨の日などは行くのが億劫（おっくう）になりました。

私は半月ほど銭湯に通うと、行くのをやめてしまいました。

母親は、それを見て笑っていました。

「アタリマエ」の基準はこのように、自分では気がつかない間にドンドン上がります。

これがクセモノなのです。

麻薬は、最初は少量でも快感を得られますが、慣れてくると量を増やさなければ、同じ快感を得られないそうです。これと「アタリマエの基準」は似たところがあります。

「アタリマエ」の基準が高い人ほど、嬉しく感じるハードルは高いわけですから、あまり喜びを感じることができなくなります。逆に**基準が低い人は、小さなことでも喜びを感じる**ことができますが、同時に不満も増える危険があります。

地球には現実に、大きな貧富の格差があります。

井戸が完成すると住民全体が歓喜の笑顔に満ちる国もあれば、手を出すと勝手に水が流れ出し無表情で手を洗う国もあります。前者は「アタリマエ」の基準が低く、後者は基準が高いといえます。

日本は「アタリマエ」の基準が高い国といえるでしょう。しかし、笑顔の多さでは日本は遅れた国かもしれません。

自分が生かされているという「生死の原点からの視線」をいつも持つことは、究極の下から目線。「アタリマエ」基準の最底辺かもしれません。

この目線で自分の環境と世の中を眺めると、まだまだありがたいことばかりであることに気づきます。

第2章

「幸せの神様」を大切にする日々の習慣

① 出されたものは感謝の気持ちで残さず食べる

目の前に出された食事は巡り合わせと思い、残さず何でも感謝しながらいただくのが基本です。そのうえで、自然に自分の好みに任せるべきだと思います。

例えばカレーの中の牛肉だけを残す人がいますが、みっともないと感じます。それは「我良し」（＝自分さえ良ければ、それで良い）の考えです。

毎回の**食事も縁**なのです。牛肉に出合ったならば、牛さんに感謝してからいただきます。

あなたが食べなくても、牛はすでに殺されています。ならば食べて、消化・昇華させてあげましょう。

また「これからは菜食主義がいい」と聞いて、無理に自分の好みを我慢して菜食にすれば、それは精神と肉体へのストレスになります。

自分の心に不釣り合いな食事をしても、それは違和感を生じさせるだけです。
何事も自然が一番です。

②

お湯を飲む（体を冷やさない）

私は体温くらいの温度のお湯を、一日に4ℓ以上飲むようにしています。
これは新陳代謝を増加させて細胞の入れ替わりを促し、若返り効果もあります。
体を冷やさないために、水ではなくお湯にすること。これが肝要です。
冷水は体を冷やすため、体が脂肪分を蓄積しようと働き、体脂肪を増やします。
お湯なら余分な体脂肪が減少してダイエットにもなります。
また、体を冷やさないことは、免疫力の面でも大事です。

HOT
HOT
HOT

③

食事は夜9時まで、腹七分目にする

これからはだんだんと小食の時代へと移行するでしょう。

食事は

・必要な栄養素をバランス良く摂取し、腹七分目にする

・晩ご飯は、夜9時以降はとらないことが望ましいです。

食事は日中か、日没4時間後までにとるようにしましょう。

夜9時以降の食事は、肉体を弱らせて老化が進むと感じます。長年にわたり夜遅くに大量の食事を摂取する人は、短命になります。

夜9時を過ぎてしまう場合は、晩ご飯を抜いて翌朝にとるか、ごく少量に抑えるべきです。晩ご飯を食べたうえに夜食なんて、とんでもない話です。

1日の食事量は、朝が一番多く、昼は普通、夜は少量が理想です。

食事を前にして、食べる直前に脳内で「ご先祖の皆々様方、どうぞお食べください」と1分間、お預けをすると小食で済むようになります。

4 鼻で呼吸する

悩んでいる人、イライラしている人、鬱の人、病気の人は呼吸が浅いように感じます。息をしていても、肺の奥、ましてやおなかにまで酸素と気が届かずに、「首」で呼吸が終わっている感じがします。

これでは慢性的な酸欠状態が続き、体の細胞は弱るばかりです。体が弱ると心も弱るものです。

呼吸するときは、

・鼻からゆっくりと息を吸い込み、おなかのヘソ下をふくらませるように意識します。そして、おなか全体で息を吸い込むようにします。

・息を吐くときは、口でも鼻でもいいです。**息を吐く時間は、吸い込む時間よりも長く**時間をかけます。

・この呼吸をしながら、意識できるときだけでいいので感謝想起をします。「生かして

いただいて　ありがとうございます」と。

この鼻からの呼吸は、肉体にも心にもとても重要です。口から空気を吸入すると雑菌も体内に入り、肉体の免疫力が低下します。そして、体の新陳代謝が低下して、肥満体になりやすくなります。

5 お風呂とシャワーは浄化作用

私は毎日お風呂に入らないと寝ることができない性質です。シャワーでもいいのです。とにかく1回でも外へ出たならば、寝る前に体を洗い清めなければ寝つくことができません。

これには、「けがれを祓う」という意味があります。1度でも家の外に出ると、髪の毛や体に「けがれた気」がつく感じがします。それらを祓うためにも、お風呂やシャワーは欠かせません。

特に**シャワーは滝行と同じ作用**があり、気持ちの良いものです。

Clean

⑥ うがいや手・顔の洗浄をこまめに行う

私は一日に何回も、こまめに口内と喉のうがい、顔と手の洗浄を行います。他人から見ると少し過剰に見えるかもしれませんが、本能で行っていることです。

こまめに洗浄することは、小さい禊(みそぎ)をしていることになります。**体の表面についた「けがれた気」は、水や粗塩で落ちます。**

体表に「けがれた気」がたまると、気持ちがイライラしやすくなります。現実的には静電気の形でも現れます。

手や顔を水でこまめに洗浄することで、それらを洗い流すのです。

また、これらの洗浄は風邪やインフルエンザの予防にも役立ちます。病気を引き起こすウイルスと「けがれた気」には、相関関係があるのです。

⑦ 掃除と洗濯はとても大事

掃除や洗濯は非常に大事です。

例えば、鬱々としている人がいるとします。何をする気にもなれず、つい掃除や洗濯がおろそかになりがちです。いつも同じ布団で寝ていて、部屋も掃除されずに物が散らばっていたなら……布団には、日々のマイナスな気が蓄積します。身の回りの品物にも同様です。

これでは、いざ奮起して明るくなろうとしても、周囲のモノに足を引っ張られてしまいます。つまり、**掃除がおろそかだと、蓄積されたマイナスの気が影響して負けてしまう**ことになるのです。これでは、改善は望めません。

そんなときは、**布団のシーツを洗濯・交換する**だけでも違います。定期的に**布団を太陽の下で干す**ことも大変効果があります。そして部屋の掃除をすれば、周りの物の配置が変わるので、受ける気のパターンも変わります。

逆に言えば、たとえどんなに運気の悪い場所に住んでいても、自分が普段に発している感謝の気で徐々に変えていくことが可能だということです。

8

草と土に手を触れる（エネルギーをもらう）

草と土に手を触れることは、本当に心身ともに良いことです。体内の不要な悪い気が抜ける感じがします。そして、代わりに土や植物からエネルギーが充填(じゅうてん)されるのです。

心が疲れている人は、**何も考えずに雑草を抜く**と良い効果があると感じます。ただ、しゃがむ姿勢や中腰の体勢は体にこたえます。ましてや、炎天下で数時間も作業しているとフラフラになります。考える以上にキツイ運動にもなります。

農家の方が、毎日このような作業をされることは大変なことです。育てる植物から力をもらっているから、できるのかもしれません。

私の知る農家の方には、明るくて丈夫な体をしている人が多いのも納得します。

9 朝8時までの太陽光を浴びる

朝8時ぐらいまでの太陽光は、自身の肉体と精神にとても良いものです。

もし、太陽光を浴びることで植物のようにエネルギーをみずから生み出し、生きることができるならば素晴らしいと思います。ただ、北国の冬場のように、たまにしか出ない太陽では困りますが。

ただし朝10時を過ぎると、太陽光にも有害な紫外線などが増加するので注意が必要です。UVカットのサングラスや伊達（だて）メガネをかけるなどして、紫外線を防止しましょう。

特に**子どもは、将来のために今から目を大切に**する必要があります。これからは、若年層の白内障に注意が必要です。

⑩ 水が大事

人間の体にとって、水分はとても大切です。人間の体の70％以上が水分です。ただ、良い水ばかりを飲もうとすれば、とても高くつきます。ネットで調べると、高価な怪しい（？）水がたくさん販売されています。私のように、一日に４ℓ以上も飲む人間には、高すぎてとても買えません。

私はブログを書いたり霊視をするときは、特に水分が必要になります。パソコンテーブルには５００㎖の大きなコップを置いて、水（お湯）を飲みながらしています。どうも、水分がないと自己の意識を遠隔地へ投射できないようです。神様の神示を受けるときも、喉が渇いた状態では受け取ることがむずかしいです。

精神力は水分により中継されて、現実界に作用しやすくなる性質があるのです。

人間が死ぬとき、「死に水」といって、水を欲しがることがあります。これは、肉体と魂が分離するとき、最後の一押しに水の媒介が必要なのだと思います。このことからも、魂と水には深い関係があることがわかります。

人間の普段の想念は体内の水分に影響して、その人間を形成しています。

深く悩んでいるときは、鏡を見てみましょう。人間が悩む意思の力で変形された醜い水の分子が、顔の表情を作り出しています。自分の情けない顔に気がつくでしょう。

逆に、**「生かしていただいて　ありがとうございます」と心底思っているときの顔は輝いています。**

⑪ 適度な運動をする

男性でも女性でも、肉体面と精神性を維持向上させるには、運動することが大事です。

特に精神的にもろく、鬱傾向のある人には適度な運動がおすすめです。女性は40代を過ぎるとホルモンの関係で精神の安定を図ることが大事になるので、やはり軽度な運動が必要です。

運動ができない人は、日々の仕事や生活の中で運動を意識するだけでも、家事に取り組む姿勢が変わり、運動と同様の効果があります。

そして精神の安定のためには、運動だけではダメです。最も精神を安定させるのは、ご先祖様に感謝の気持ちだけを捧げる先祖供養の実践にあります。

⑫「アマテラスオホミカミ」を繰り返し唱える

天照太御神（アマテラスオホミカミ）は、神名自体が力を発揮する言霊です。この10文字には、それぞれ神様の意思がこめられています。

ア＝宇宙の始まりを表します。
マ＝マー。母性を表します。
テ＝テラ。地球を表します。
ラ＝現在の文明、ここ6000年間ほどの地球文明を表します。ラー（＝太陽神）が主役を演じる時代です。太陽文明の締め役として、日本が最後に主役を演じる暗示もあります。
ス＝10文字の中で真ん中にくる「ス」は、根源神を表します。
オ＝大きい。偉大さを表します。
ホ＝女性のホト、女性性器を表し、「産む」「包容」を意味します。私は伊勢神宮の伊雑宮では、天照太御神の日輪を霊視します。エネルギー体なので性別はありませんが、受ける印象には母性愛を感じます。「アマテラスオオミカミ」と書く人がいますが、これはいけません。「オオ」ではなく「オホ」が実体に合います。

ミ＝身、肉体。つまり人間です。

カミ＝神＝噛む。多くを噛み合わせた統一体を意味します。

これらの10音に、地球を取り巻くすべての森羅万象が含まれます。

朝の通勤電車の中などで早朝の太陽を感じながら、この「アマテラスオホミカミ」を何回も心中で繰り返すだけで、良い効果が心身ともに起こります。

13 一日の終わりに感謝する

一日が終わるとき、今日を無事に終えることができた感謝を、今日の行動・思考を思い出しながら、良いことも悪いことも感謝の気持ちで上書き修正してください。

この**一日の終わりの感謝は、自身の心を純粋にして強化させる秘訣です。**

「今日も一日、無事に生かしていただいて　ありがとうございます」などのような、自分なりの言葉で思えばいいのです。

一日を感謝の心で締める実践は、みなさんの想像をはるかに超える影響力で心を豊かにさせてくれます。

⑭ 昼食後に短い睡眠をとる

睡眠は大事です。特に**昼食後の15分間ほどの睡眠は、心身のリセットには大きな効果を持ちます。**

朝起きてから通勤を含めて、心身にはかなりのストレスがすでに蓄積しています。これを引きずったまま就寝するまで活動すると、心身に大きな負担がかかります。昼食後に眼を閉じているだけでも、心臓の活動がリセットされて、心身のストレスが解消されることになります。

長期で考えると、寿命にも影響することです。

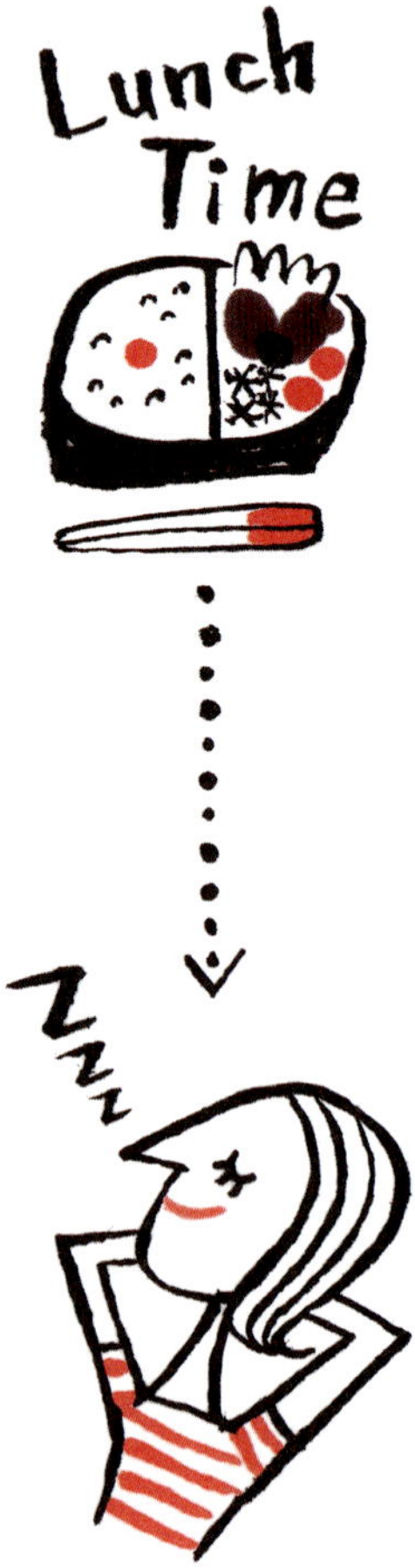
Lunch
Time
Zzz

第3章

「幸せの神様」が輝くために

①

人はみな、ご先祖様とつながっている

◆この世に生まれてきたのは、ご先祖様がいてくれたから

人がこの世に生まれるためには、親がいなければなりません。その親にも、両親がいたわけです。このようにさかのぼれば、たくさんのご先祖様がいてくれたお蔭で、自分が生まれたということがわかります。だからまずは、この肉体を持つ「場」を借りたご先祖様への尊敬と感謝が必要です。

たとえどんなご先祖様であろうと、人類発生以来、その血を切らすことなく悠久の時間を耐えてきたのです。そのお蔭で、あなたは肉体を持つ場を提供されたのですから。

ご先祖様への感謝がなければ、そこには自己否定の気が生じます。

それでは「幸せの神様」を感じられないばかりか、自ら不幸な状況を呼び寄せてし

まうことになります。

人は、この世に生まれ出たからには生涯、ご先祖様への感謝、供養を忘れてはいけません。これを行って初めて、人生のスタートラインに立てるのです。

ご先祖様をさかのぼると、究極は人類の始祖にまでたどり着きます。決して、自分のご先祖様のみでは終わりません。


「生かされている感謝」をキーにした先祖供養も、突き詰めると万物への供養、自然賛歌になります。

そこでは、供養が届いているかどうかを心配する気持ちは起こりません。自分が今、存在すること自体を「感謝せずにはいられないから先祖供養する」ということになります。

供養が届いているかどうかを心配する間は「供養してあげた」、そして「その効果は?」と、利益を期待する自分がいます。こんな貸し借りのような供養は、効果がないと感じるでしょうし、長くは続かないものです。そんなものは本当の先祖供養ではありません。

自分が一方的に先祖を慰めたいから、自主的に行う。それが本当の先祖供養です。

このような心で先祖供養を継続できれば、供養は本当にご先祖様に届きます。供養が継続できることが、届いている証明にもなります。

今、私たちは生きています。生き物は簡単に死にます。たった1度の単純な不注意で死にます。

この、もろく綱渡りのような、すぐに消える可能性のある命のバトンをご先祖様から渡し続けられた結果が、今、生き続けている「あなた」なのです。

先祖供養をせずに生きることは、申し訳のないことです。

◆ご先祖様を供養しよう

私たちはこの世に生まれてくると、最初の数年間は必ず自分以外の人の手を借りなければ生きていけません。

人の死も同様です。死ぬと、この世界から別の世界へと生まれ変わるわけです。この世を80歳で終えても、別の次元へ生まれ変わるのですから、そこでは0歳です。この世に生まれたときと同じで、新たな世界では0歳なので、体が同調して慣れるまでは自分一人では何もできないのです。

その慣れるまでの期間は、**生きている縁者から供養を受けることが大事**なのです。これが、先祖供養です。

人間は、生まれたときに世話をしてくれた人（親など）が先に死ねば、今度は自分自身が受けた恩を、その人に供養という形で返さなくてはなりません。

先祖供養とは、自分が受けたものを感謝でお返しするだけのことです。実行してアタリマエのことなのです。

このアタリマエを「必要がない」と屁理屈をこねて軽視し、それどころか先祖供養を行うことに反対する人がいます。

また、「自分自身の打算のために先祖供養をしている」などと揶揄する人もいます。このような人たちは、正しい先祖供養をしたことがない人です。先祖供養をしたことがなく、わからないので、観念だけで批判します。

本当に正しい先祖供養を実行すれば、自分自身でしか味わえないことがたくさん体験できます。そこには、他人が介在する余地はありません。

親子の間に、他人が割って入ることはできないからです。

例えば、ボランティアを打算の心を持ちながら実行したとしても、それはそれで価値があることです。その行為によって助けられる人が現実にいれば、それを受けた人にとっては救いなのです。

それを、「打算心を持ちながら実行したからダメだ」と非難する人は、口先だけの人です。

それに、本当に打算心だけならば、行動が続きません。必ず途中でやめることになります。継続できるということは、純粋で偉大なことなのです。

このように先祖供養を軽視し反対する人には、親不孝な人が多いものです。育ての親から借りたものを返さない人間は、幸運をつかみがたいものです。

◆ご先祖様にお願いばかりしない

さて、自分に子どもがいると思ってください。子どもと面と向かえば、子どもからお願いごとや泣き言ばかりしか言われない……そんなとき、親の心境はどうでしょうか？

我が子はかわいいものです。内心では叶えてやりたくても、現実には金銭面などでむずかしい願いもあるでしょう。健康問題なら人間の力では及ばないことを、子どもが願うかもしれません。

また、子どもがたくさんいて、子ども全員が親に要求ばかりしたら親はたまりません。神経が参り、病気になるかもしれません。不注意から事故を起こすかもしれません。

逆に、子どもたちがいじらしく我慢して、泣き言も言わずに頑張っていれば、その姿を見た親は「自分も頑張らなくては」と勇気がわきます。

この親子関係は、私たちとご先祖様との関係とまったく同じです。ご先祖様にお願いごとをしてはいけません。それでは、ご先祖様が迷ってしまいます。かわいい子孫のために悩むのです。ご先祖様が迷えば、子孫の心もなぜか不安定になります。

私たちは悩みや苦しみがあってもいじらしく頑張って、けなげに感謝だけを捧げれば、ご先祖様は安心します。その安心した思いは、私たち子孫に反映して伝わり、子孫も心が安定した状態になります。

ご先祖様を安心させてあげることができたら、いちいちお願いごとをしなくても、私たちは自然と嬉しい状況になる……現実はそんな法則で成り立っているのです。

◆先祖供養は形ではなく気持ちが大事

先祖供養をするとき、線香の種類や値段、短冊の大きさ、色などはどれが正しいか、どれが良いかと心配する人がいます。供養がちゃんとご先祖様に届いているかどうかがわからないので心配になるのでしょう。

供養が実際に届いている人は、そんなことは心配しません。供養せずにはいられないから、供養する。それだけなのです。**見返りを期待していない**ので、届いている・いないという発想にすらならないのです。

先祖供養は、義務感や不安感を持ちながらするくらいならば、やめましょう。「自分がしたいからする」、それだけのことです。

先祖供養で一番大事なことは、**ご先祖様の存在を忘れない気持ち**です。人間は生きるために忙しく、お金をかけたお墓や仏壇がなければ、ご先祖様の存在すらも忘れているものです。

先祖供養とは、ご先祖様に気持ちを向けるための手段にすぎません。ご先祖様を忘れて生活していると、苦しんでいるご先祖様は振り向いてほしいがために、あの手この手で子孫に知らせようとするものです。

だから、ご先祖様から知らされる前に、気持ちを向ける行為を子孫からしてあげるのです。

伊勢白山道式の先祖供養の基本は以下の3つです。

①**供養のときは感謝の気持ちだけを捧げて、願いごとをしない。**願望や悩みがあっても、それは普段の生活の中で思うことであって、ご先祖様に依頼をしないこと。

②**線香2本の後に線香1本を捧げる、線香3本の供養。**それぞれに供養先を意識しながら行う（やり方は161ページ）。

③感謝を捧げる言葉は「生かしていただいて　ありがとうございます」だけで良い。

別に先祖供養をしなくても私たちは死にません。供養する時間があるならば、好きなTVを観たいという人もいるでしょう。

でも、何でも好きなことができる時間の中で、あえて見えない存在（ご先祖様）へも思いを向けることができる「優しさ」が尊いのです。

ここに類は友を呼ぶ法則が発動し、慈悲深い供養者には、慈悲深いご先祖様や高貴な神様が寄ることになります。

大事なのは、自分自身の精一杯の慈悲心を用いて、他を思いやる心です。

慈悲心の大きさには個人差がありますが、自分なりの範囲で他を思いやる練習を、先祖供養を通して行うのです。

これを繰り返していくと自分の慈悲心が大きくなり、神様の無償の大きな慈悲・愛情が本当の意味でわかります。

神様の一端がわかるということは、神様に一歩近づいたということです。

これが進むと、自分の中の「幸せの神様」が表面に出てきて、その人は神様の意に叶（かな）った生き方ができるようになります。

◆年に数度の墓参りより、毎日の感謝供養が大事

火葬した後に骨壺に納める遺骨には魂は宿っていません。あくまでも残骸です。『千の風になって』の歌の歌詞にあるとおり、「そこに私はいない」のです。

では、お墓は無用なものかといえば、そんなことはありません。お墓はご先祖様を忘れないためのモニュメントとして大事なのです。

人間は、日々の仕事や生活に追われていると、先祖供養も忘れがちになります。お彼岸やお盆の時期がくると、ニュースなどで墓参りを思い出して、お墓があれば家族で行こうとします。

お墓がなければ、家族で先祖供養する機会もないのが現状でしょう。

しかし、そのように年に数回だけでも子孫がご先祖様へ気持ちを向けることが、ご先祖様には大きな慰めになります。

安心成仏しているご先祖様ばかりならば、年に数度のイベントとして墓参りを行い、あとはご先祖様を忘れて日々の生活や仕事を頑張る、でもいいでしょう。

でも、どんな家系にも迷っているご先祖様が必ずいるものです。迷うご先祖様は楽になる機会＝供養を求めて、遺骨や墓を頼りに寄ってきます。

そのご先祖様に縁のある人は、知らず知らずのうちにこの影響を受けて、いろいろと嫌な現象が起こってしまうのです。

生きた人間が影響を受ける前に、ご先祖様を忘れずに気持ちを向けて供養すると、ご先祖様は知らせる必要がなくなるので、嫌な現象は起こらなくなります。

そのような意味においても、年に数度の墓参りより、自宅における日々のご先祖様への感謝と線香供養が大事になってきます。

ご先祖様は年に数度の墓参りで、子孫から気持ちを向けられるだけでも嬉しいものです。

では、毎日気持ちを向けられる喜びは、どれほど大きなものでしょう。
この日々の感謝供養で、迷うご先祖様を順番に成仏させることができます。

◆立場や場所に関係なく先祖供養をしよう

先祖供養は、本家や実家でしかできないとか、供養する場所が1カ所だけに限定されるということはまったくありません。

自分自身とご先祖様は、1対1の関係です。長男・次男も関係なく、各人が住む家で供養するべきことです。5人兄弟ならば、5人ともが各人の自宅で供養したほうが良いのです。

遺骨のある・なしも関係ありません。供養は、ご先祖様の魂に対して行うものです。遺骨という残骸を対象にするのは本意ではありません。

極端に言えば、ひとつの家の中で、兄弟それぞれが自身の部屋で先祖供養しても問題はありません。

同じ兄弟でも、それぞれ縁のあるご先祖様は異なることがあります。もちろん、重複する同じご先祖様が寄ることもあります。ご先祖様にとっては、同時刻に違う場所で、同時に現れることは普通のことです。違う国の間でも、距離に関係なく同時に現れることも簡単です。ご先祖様は、距離や時間に制約されないのです。

先祖供養をしたいけれど線香を炷（た）くことができない人や、短冊を置く場所がなくてできない人、また従来の家庭の信仰以外は立場上できない人など、供養できない環境の人もいるでしょう。これは仕方がありません。ケンカをしてまでの供養はダメです。そのような不安な気持ちをご先祖様に捧げることになってしまうからです。

そのような人は、**誰もいないときに短冊を食卓テーブルの空いた席に置き、湯気が出る熱いお茶を置いて、感謝の言葉をご先祖様へ捧げましょう。**その場合は、お茶が冷めたころに短冊をしまいます。何も実践しないよりは、ずっと良いことです。

② 短冊と線香3本による先祖供養をしてみよう

自宅に仏壇があり位牌がある場合は、その仏壇へ線香と自分の感謝の思いと「生かしていただいて　ありがとうございます」の言霊を捧げてください。

この感謝の言葉が、ご先祖様やその他の縁ある魂に供養を届けます。

◆短冊を用いて先祖供養をする

仏壇に「〇〇家先祖代々の霊位」（最後の位の字が重要）の家系全体の位牌がない人や、仏壇自体がない人は、短冊を用いて自分で手書きしましょう。

この短冊がご先祖様の寄り代（よりしろ、止まり木）となり、供養をしている私たちに迷う魂がすがりつくのを防ぎます。

①まずは、**長さが30㎝以上ある短冊**を用意しましょう。白色無地で、縁取りが金色のものがあれば、なお良いです。

文房具店に市販の短冊がない場合は、短冊の大きさの白い厚紙を何枚も貼り合わせて厚みのある短冊を作製してもかまいませんが、ペラペラした薄い短冊はダメです。短冊の状態が供養者に反映することがあるからです。

②短冊には**「○○家先祖代々の霊位」と縦書き**します。○○には離婚など、いろいろと複雑な事情があろうとも、供養を実践する本人が今、使用している苗字が入ります。苗字が変われば、○○も変更しなければなりません。

一般的には○○の苗字は、男性ならば父方の名前になりますし、結婚している女性ならば夫の家の名前になります。離婚しても前夫の苗字のままならば、やはり前夫の苗字です。

③**文字は黒色の筆ペンやマジック**など、ほどよい太さのもので書きましょう。もし、

金色の字が書けるマジックがあれば、それも良いです。ご先祖様や縁ある魂が少しでも認識できるように、下手でもいいから太めの文字でしっかりと書いてください。

そして、最後の**「位」の文字は少し大きめに書く**こと。この文字がないと、ご先祖様はご馳走を目前にして立ち止まれずに、フラフラと指をくわえて眺めるだけになります。「位」と書くことで短冊に寄り止まり、ご馳走を得ることができます。「位」の字には、霊を祀る場を意味する暗示があります。

書き終えた短冊ですが、ご先祖様は一時的に短冊の紙に寄りますから、ラップなどで包んではいけません。

書き損じた短冊があれば、ゴミ箱に捨てても大丈夫です。また、使用した短冊が変色したり汚れたりしたならば、新たに書き換えましょう。古い短冊は、白い紙に包んで普通ゴミに捨てれば良いです。

◆線香2本供養のあとに線香1本を捧げる

伊勢白山道式の先祖供養には、線香を3本用います。

このとき、線香のほかに線香立て（香炉）も用意しましょう。

①最初に線香2本に火をつけて、手に線香を持ったまま

「ご先祖の皆々様方、どうぞお召し上がりください」

と、心中か声に出して唱えます。そして、線香立てに線香を1本ずつ並べて立てます。

最初の1本は、今の苗字の男性のご先祖様を意味し、左奥に立てます。2本目は今の苗字の女性のご先祖様を意味し、右側の奥に立てます。線香を1本捧げるごとに、前述の言葉を唱えます。

②続けて、

「ご先祖の皆々様方、生かしていただいて　ありがとうございます」

と数回、心ゆくまで唱えます（2本の線香の火はついたままです）。

③そして、3本目の線香に火をつけて手に持ち、

「その他、もろもろの霊の方々、どうぞお召し上がりください」

と、心中か声に出して唱えてください。そして、3本目の線香も立てます。

④続けて、

「その他、もろもろの霊の方々　生かしていただいて　ありがとうございます」

と繰り返します。

そして、手を合わせながら「生かしていただいて　ありがとうございます」と、短冊と3本の線香全体へ捧げる気持ちで、納得するまで繰り返し発声します。

⑤最後は、「天照太御神（アマテラスオホミカミ）」を2回ずつ、安心するまで繰り返し発声します。すべての霊が、根源なる母性に回帰するイメージを持ちながら唱えます。

1
ご先祖の皆々様方、
どうぞお召し上がりください
2
ご先祖の皆々様方、
生かしていただいて
ありがとうございます……

3
その他、
もろもろの霊の方々、
どうぞお召し上がりください
4
その他、
もろもろの霊の方々、
生かしていただいて
ありがとうございます
生かしていただいて
ありがとうございます
5
アマテラスオホミカミ
アマテラスオホミカミ…

最初に線香2本で自分が名乗る苗字の「ご先祖様」へ供養を捧げた後、続けてもう1本で自分に縁のある「その他、もろもろの魂」を供養する区切りは大事なことです。

これは、魂への差別ではありません。縁を重視する順番です。自分の苗字のご先祖様を最初に供養し、安心していただいてから、その他の縁ある魂を供養する手助けをしていただくことになります。

3本の線香は、点火前が同じ長さのものを使います。ちなみに、**捧げる線香を折ってはいけません。**もし、折れて短い線香があるならば、3本目に使用します。

線香に火がついている間は、ずっとその前にいなくても大丈夫です。ただし、供養の後で忘れずに線香の消火確認をしましょう。

線香と感謝を捧げたら、その場を離れて30分後に必ず線香の倒れや消火を確認してください。

そして、埋もれ残った線香は定期的に取り除きましょう。種火が熱を持って危険だからです。

◆線香立てや短冊の置き方など

線香立て（香炉）は、仏具店などで買い求めるか、どんぶりや肉厚の茶碗などで代用しましょう。

茶碗などを使う場合は、線香がちゃんと立つ深さ、大きさのものを。模様のない無地のもので、白っぽいものがいいと思います。

埋もれ残った線香がたまりすぎると、高温の残留熱を持つことがあるので要注意。そのような器の加熱や、線香倒れなどによる出火防止策として、線香立ての下に大きめの皿を敷いておくと安心です。

短冊は、両側からはさんで立てる道具が売られていますが、なければ四角い木片に一筋の切り込みをつけて、差し込んで立てても良いでしょう。

ただし、お盆にのせて床置きにしてはいけません。床よりも少しでも高い位置が良いです。動物供養は床の高さで半分に折った線香１本を捧げますが（やり方は２０１

ページ）、人の霊の場合は動物霊と区別する意味で、少しでも床から高いところで供養します。

仏壇がなくて短冊を置く場所もないならば、供養するときだけ短冊を食卓テーブルや机の上に置いてもＯＫです。

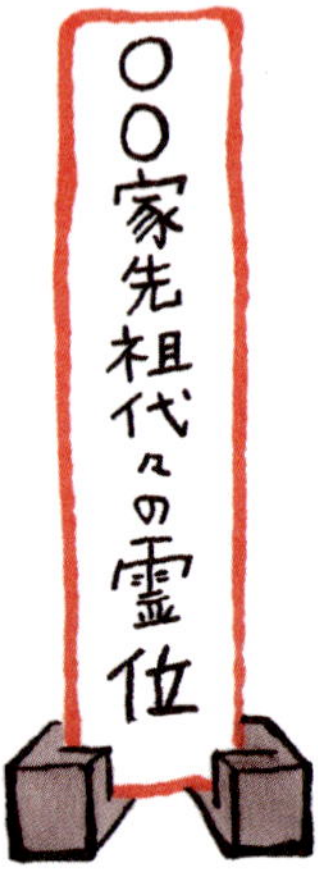

短冊

線香立て

◆「生かしていただいて　ありがとうございます」

ご先祖様を一番安心させる祈りは、「生かしていただいて　ありがとうございます」といった言葉です。

ご先祖様への感謝を意味するものならば、自分なりの言葉でいいと思います。私には「生かしていただいて　ありがとうございます」の言葉が最も良いと感じられますが、自分なりに変更したい人は、しっくりくる文に変えてもいいのです。

大事なことは、感謝の念をご先祖様に捧げることです。

お経を唱えればいいと思う人がいるかもしれませんが、それは間違いです。

例えば、生まれたばかりの赤ちゃんに話しかけるとき、私たちは自然と単純な言葉を選び、使います。いきなりむずかしい言葉は投げかけませんね。

では、死んで新しい世界へ生まれ変わったばかりのご先祖様（＝新しい世界では赤ちゃんと同じ）には、なぜむずかしいお経なのでしょうか？

ご先祖様には、お経の意味は通じません。どうやら自分に向けられているので、「私は死んだのかな？」と思う程度です。

でも、私たちが話す言葉ならご先祖様にもわかります。だから、私たちが感謝を表現する話し言葉をご先祖様に捧げることが、一番の供養になります。

ご先祖様へ感謝の線香・短冊供養を始め、自分なりの手ごたえを感じれば嬉しくなり、日に何度も捧げたくなるかもしれません。

でも、過剰な供養は、やはり根底には何かを期待する心があるものです。

先祖供養は、自分ではなくてご先祖様のためを思いやり、ただ感謝の心で行うことが大事です。

いきいきとした心でご先祖様への感謝の言葉と線香を捧げると、その思いは本当によく届き、ご先祖様を安心させます。

ご先祖様が安心すると、今度はご先祖様の安心の波動が子孫に反映して届き、子孫は自然と穏やかな心境になります。

このように、**ご先祖様と生きた子孫は互いに合わせ鏡のようになっていて、お互いに成長していけるのです。**

◆過剰な供え物（食事など）は不要

仏壇や短冊による先祖供養には、食事などの供え物は不要です。

仏壇や短冊に寄るのは、供養を必要としているご先祖様です。そのようなご先祖様に過剰な供え物を出せば、この世から離れがたくなってしまいます。

一方、線香はご先祖様が欲しがる品物に変化して、一時の安らぎを提供します。消え行く線香には、形がなくなる理をご先祖様に示す意味もあるのです。

ただ、**お水やお茶などはお供えしてもいいでしょう。**

感謝の気持ちを込めて捧げましょう。

◆花を供えるのは気持ちを供えること

ご先祖様の仏壇に、お花を捧げる習慣があります。これも、ご先祖様を思うがゆえの心づかいからです。

ご先祖様にはお花が届くのではなくて、供える人から出る「花を供えたい気持ち」や、「花を用意するためにお店に行った行動」「野原に花を取りに行った行動」により発生した気持ちが届くことになります。

仏壇にお花を切らしていれば、嫁としての仕事をサボっているように見られるかもしれません。それが嫌なので、「面倒だなあ」と思いながら買ってきた花をご先祖様へ捧げると、ご先祖様に届くのは美しいお花ではなく、「面倒なんだよ」という気持ちです。花を買いに行くときの気持ちも、生き物である花に〝気〟として宿るのです。

ただ、途中で気がついて反省し、「申し訳ない」「ご先祖様を喜ばせたい」と思い直すと、その気は上書き修正されます。

◆先祖供養を行う時間や場所について

線香と短冊の先祖供養は**午前中、特に午前10時までに行う**のが理想的です。ただ、仕事や外出などの用事があって消火を確認できないときは、夜でもＯＫです。その場合は、深夜12時から3時の間と夕方の日没の1時間を避けましょう。この時間帯は、縁ある霊以外も寄ってくる可能性があるからです。

先祖供養は一朝一夕で済むものではなく、日々の積み重ねで行うものです。かといって義務のように「しなくてはいけない」という気持ちでしたり、一日に何回も供養をすることは、結果として欲心や見返りの期待となってしまいます。**一日の供養はせいぜい2回まで**で、自分の生活ペースで行うことが大事です。

そもそも供養とは自分自身のためではなく、苦しみ困っているご先祖様や縁ある魂を気の毒に思い、愛情と慈悲の気持ちで行うことです。

仮に週に１、２回しかできなくても、毎週継続してできていれば、それはそれで良いのです。日々の感謝想起と同じで、継続してやっていけるかどうかが大切です。欲心や見返りの期待があれば、供養を継続できずに途中でやめてしまう結果になるでしょう。

供養はほんの数分間で良いのです。人間は時間をかけて行う、むずかしそうな供養のほうが届きやすいと思ってしまいます。

お金を出して他人に依頼するイベント的供養は、実際にはご先祖様に届いてはいません。生前につながりがある家族や関係者が行ってこそ届くのです。

そして供養にはお経よりも、縁ある関係者からの感謝の気持ちが一番届きやすく、ご先祖様を癒すものなのです。

既存の仏教供養では、本当の目的である「縁者の感謝の気持ちを捧げること」が薄くなっているのが実情で、お金だけがかかる無駄な供養が大半です。

お金をかけなくても、ご先祖様を日々忘れずに感謝の気持ちを捧げることが一番大事なのです。

供養する場所は、**仏壇がある場合は仏壇で。仏壇がない場合は、テーブルの上などで短冊を置いて供養**してもOKです。

ひとつの家で家族がそれぞれ、複数カ所で行ってもかまいません。家の1階に神棚がある場合でも、2階で線香供養してもかまいません。

神棚のある部屋で先祖供養を行う場合は、神棚よりも上の位置では先祖供養を行わないようにしましょう。不思議なことですが、ご先祖様が寄りにくくなります。

先祖供養することで、体がだるくなったり気持ちが落ち込んだりすることがありますが、それはご先祖様の状態を現しています。きちんと供養がされ始めている証なので気にしないようにしましょう。

あまりに体調が悪くなった場合は、体調が良くなるまで、しばらく先祖供養を中止してください。無理をしてはいけません。

ただ、体調不良が長引くようなら、供養が原因というより実際に病気であるお知らせの可能性もありますから、病院で診察してもらうことをおすすめします。

3 神棚への祀り方

◆神棚を祀るということ

神棚を祀るには精神的な余裕がないと、不敬な気持ちにより逆の作用を招いてしまう結果になることがあります。だから私は、線香と短冊による安全な先祖供養を強くすすめています。

感謝の先祖供養を実行して、迷うご先祖様と縁ある魂が減ると、心に余裕が生まれてきます。そこで、次の段階として神棚を祀ることを考えればいいのです。

でももし、伊勢白山道式の方法（神様とご先祖様に感謝の気持ちだけを捧げること）が自分なりに良いことだと思えるならば、最初から先祖供養と神棚祀りの両方をしてもいいでしょう。

本来は**神棚を購入して、3種類の神札（しんさつ）を並列で並べるのが理想**です。

中央に天照太御神の御札、向かって右側には自宅から近い神社の中で好きな神社札（氏神神社札）、向かって左側には崇敬する好きな神社札を祀ります。

特に好きな神社がなければ、地域の一宮（いちのみや）札を祀ります。一宮とは、その地域の中で最も社格の高いとされる神社です。

ただやはり、神棚を祀る前に、その動機を自分自身に問いかけてみてください。先祖供養もできない人が、神棚を祀ることは良くありません。

先祖供養を実践し、現状でも十分ありがたいことだと感謝せずにはいられない人だけが、神様を祀るべきです。

神棚には榊（さかき）と水が必ず必要です。

神棚を祀ったならば、榊は枯れる前に取り替えて、榊の入れ物の水は毎朝替えなければいけません。

お供えするお水も、毎朝替えます。これが、なかなか大変です。重要なのは、そうした行為をする気持ちを毎日捧げているということです。

「嫌だなぁ」と思いながら作業すると、いくら神前に新しい水を供えたとしても、神様には「嫌だなぁ」の気を捧げていることになります。

私も朝の出勤前は時間に追われています。でも、榊2束と神前のお水の交換、感謝の先祖供養を平日は毎日行います。

とはいえ、自分が気持ち良くできる範囲はこの作業までです。

要は自分が今、素直に気持ち良くできることをすれば、それで良いのです。自分に無理をしてまで行う場合は、神様を利用したい気持ちが根底にないか、振り返る必要があると思います。


それから、**他人が使用した神棚や中古神棚を祀るのはやめましょう。**

親の代から家にある家族間で引き継いだ神棚なら大丈夫ですが、他人の神棚には、その人独自のいろいろな思いが付着しています。

もし他人から高価そうな神棚をあげると言われても、もらわないようにしましょう。

神棚がなくても神札だけを短冊立てなどに縦置きして、お水と榊で祀れば神さまが寄れる立派な神棚といえます。

現状への感謝の気持ちだけを捧げれば、それで十分なのです。

◆神棚の設置場所

神棚は建物の最上階に設置しなければいけない、と思っている人が多いようですが、必ずしも最上階でなくても大丈夫です。家の1階でも別に良いのです。

ただ、高さの位置関係で気をつけなければいけないことがあります。同じ部屋に神棚と仏壇を置く場合は、**神棚の設置場所が仏壇より少しでも上**であればOKです。これは神様への畏敬の念を現す礼儀によるものです。神様は優しいから気にしなくても大丈夫、ではなく、目上の人に挨拶するような礼節を持つ配慮の気持ちが形として大事なのです。

部屋が違えば、神棚と仏壇の設置場所の高さに気を配らなくても大丈夫です。

仏壇は、できれば家族が集まる居間に置くか、居間に近い場所に置くといいでしょう。問題は神棚の場所です。

神棚は、あまり人が入らないような静かな場所に置くのが好ましいです。煩雑なゴミゴミした部屋に祀るのは良くありません。

できれば**家の鬼門（きもん）にかかる部屋に、神棚の向きは鬼門を背にして設置**できれば理想的です。

とはいえ、広さに限りがある都会の住宅では、方位を考慮すれば何もできないかもしれません。そのような場合は、鬼門以外はこだわる必要はありません。

方位による気の流れは、線香3本の先祖供養で線香の煙が中和してくれるので、気にしすぎなくても大丈夫です。

◆神札の祀り方

神棚に祀る御札の種類は、必要最低限にするべきです。理想は、3つの神社札を並列に祀る「三社造り」の神棚です。

私がおすすめする3つの神社札とは、

①**天照太御神の御札**。三社造り神棚の中央に祀ります（伊勢神宮内宮札を手前、伊勢伊雑宮札を奥側に重ねる）。

②今、**自分が住む地域の好きな神社札（氏神札）**を1つ。神棚の正面右側に祀ります。

③**伊勢神宮外宮札**。神棚の正面左側に祀ります。

御札は自分自身か、その家に住む家族の誰かが代表して神社に参拝し購入したものを祀りましょう。他人に代行を頼んで買ってきてもらったものや、郵送してもらったものなどは好ましくありません。神社と自宅との間を家人が往復することにより、霊的な線がつながるからです。

もし、他人からいただいた御札を祀る場合は、その御札を家人が持参して、その神社へ参拝に行くことが望ましいです。

伊勢神宮へ行けない人は、地域の一宮神社で伊勢神宮の「神宮大麻（じんぐうたいま）」の神札を求め、神棚の中央に祀れば良いです。

縁があって伊勢神宮に行けたときに再度御札を求めて、神棚の既存の神宮大麻札と入れ替えれば良いです。

古い御札は、どこの神社でも良いですから古札返却箱に返しましょう。年に何回も御札を入れ替えても問題はありません。

また御札は、**氏神札（うじがみふだ）だけは毎年新しいものに替えるべき**です。正月から節分の間に交換しましょう。

伊勢神宮へ行けないまま1年以上経過した場合は、時期に関係なく地元の一宮神社の神宮大麻札に交換してください。

もし神棚を部屋に置けない場合は、お菓子の空き箱や木箱で代用してもＯＫです。

できれば目立たない模様がいいので、箱の表面に白い半紙を貼るなどするといいでしょう。その中に御札を並べて、外側からフタをします。箱の中の空間が大事なのです。

実際の神社にも、本殿の中に「空の間」という、神様が降臨する何もない部屋があります。

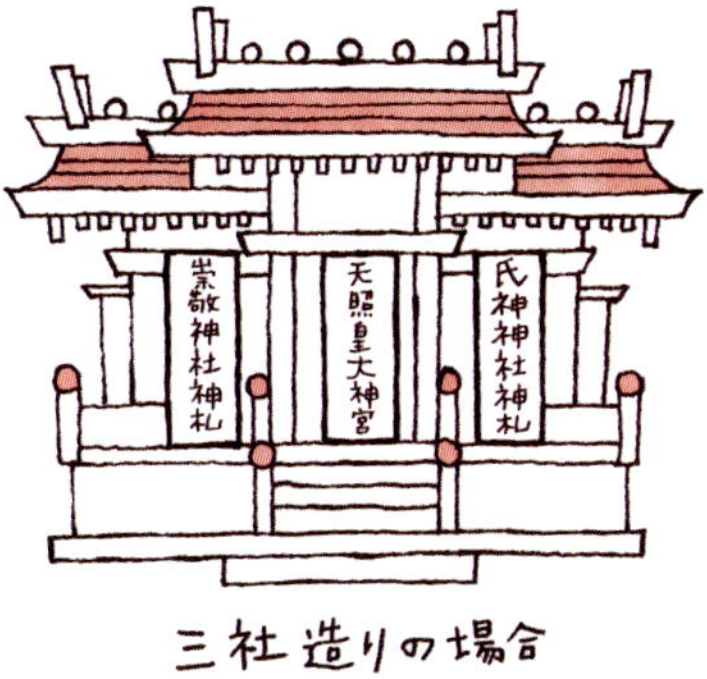

・三社造りの場合

真ん中に天照太御神の御札。伊勢神宮内宮札を手前に、伊雑宮札を奥にして重ねるのが理想です。

御札は一番安価な、剣祓札（けんばらいふだ）でＯＫ。

向かって右側には、今住んでいる家から近い神社の中で、自分がなんとなく好きな神社の御札（氏神札)。たとえ無人でも、掃除がされている神社の御札を求めましょう。近場に該当する神社がなければ、地域の一宮神社の御札を祀ります。

向かって左側には、自分が崇敬する神社の御札を祀ります。できれば、伊勢神宮の外宮札がおすすめです。

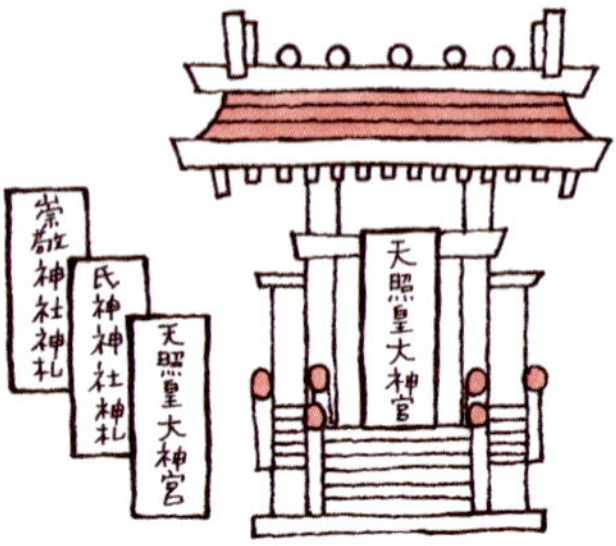

一社造りの場合

・一社造りの場合

幅の小さい一社造りの神棚の場合は、御札を重ねて祀ります。

一番手前が天照太御神の御札であれば、あとの御札の順番にはあまり神経質になる必要はありません。

◆榊について

私は神棚に、榊2束と水容器1つだけを捧げています。

榊は、私たちが神棚にお参りしたときに神様が寄るための止まり木の役目をするので、絶対に欠かせません。

その他のお酒、塩、お米、灯明（とうみょう）などは、神社で行われている人間側から神様への五穀豊穣などを感謝する気持ちを自宅で真似ていることになるのですが、家庭ではここまでは不要です。

長く継続できるお世話をすることのほうが大切です。

お酒やお米を自宅の神棚に捧げても、長い期間そのままの状態でホコリだらけならば、神様の気は寄りません。

ただ、捧げることは良いことです。

その捧げる「作業手間」が神様への捧げものになります。その人間の気づかいを、神様は受け取るのです。

逆に「面倒だな」「時間がない」などと思いながら捧げると、神様には「面倒で時間がない」という気持ちが届きます。

その気は、祀る人に跳ね返ってきます。

榊を立てる容器の水は、できれば毎日替えたほうがいいでしょう。ただ、旅行や休日の都合で毎日できないときは、無理にしなくても大丈夫です。

榊は寒い時期は長持ちしますが、夏場などは水に浸かっている茎の部分がヌルヌルになり、葉まで水が上がらなくなり枯れ出します。

長持ちさせるためには、まめに水を交換して、茎のヌルヌルを洗い流しましょう。

榊は、葉が落ち出したら交換するのが理想ですが、一般の家庭ではなかなかむずかしいかもしれません。

水交換のときに茶色に変色した葉があれば、手でちぎってゴミ箱に捨ててもかまいません。感謝の気持ちでゴミ箱に入れれば、他のゴミと一緒のゴミ箱でも大丈夫です。その後、榊全体の葉の量が減ったと感じたときに交換するといいでしょう。

榊は、私たちが神棚にお参りしたとき、縁ある神様が寄ってきて止まる「止まり木」です。

神棚の左右に置くのが基本ですが、神棚の正面右側の氏神札の前に置いた榊は、特に早く枯れやすいものです。

これは、その地域を巡回している氏神様が右側の榊に頻繁に寄るので榊の生気が吸われるためと、家にある悪いものを榊が吸い取ってくれるためです。

榊は、悪いものを吸い取ってくれる存在なのです。

左右の榊が不ぞろいな枯れ方をすることもありますが、気にしなくても大丈夫です。

先に書いたとおり、一番大事なことは水の交換や榊のお世話などの作業を通じて、その「行為と気持ち」を神棚にコーティングすることです。

水交換のときに余計なおしゃべりをしたり、「面倒くさい」「水が冷たくて嫌」「助けてほしい、苦しい」などと思いながらすると、その思いが水や榊に宿ります。それを神棚に捧げれば、その嫌な気持ちと同調する存在しか神棚に寄りません。嫌な存在、救いを求めている存在が来るのです。

そんな存在を拝んでいては、ろくなことはありません。

だから神棚を祀るには、拝礼する前の準備作業が一番大事なのです。

水や榊を感謝の気持ちで準備して、感謝の思いの拝礼を捧げる。そこに寄る存在は、感謝されるべき尊い存在です。

いちいち細かい願いなどは、まったく不要です。

◆神棚に供える水

榊の水と同様に、神棚に供える**お水も毎日替えましょう。**

私は毎日、神棚のお水の交換をしますが、榊の水交換とは違い、供えるお水のときは慎重に行います。息もかからないように注意をはらいます。

神様は、水の気を使ってお祓いを行います。皆さんが感謝の気持ちを神棚に捧げ始めると、その人の心の中の「幸せの神様」とその地域の神様が感応して、榊に神様の気が寄ります。そして、神棚に供えられた水の分子を使用して、祓い清めの気が発散されるのです。

お供えする水は、そのように神聖なものです。だから、神棚に供えるお水の交換は慎重に行う必要があるのです。

お供えしたお水やお茶は、飲まないほうが良いでしょう。

願いごとをかけた神棚の水には曇りが生じます。これを飲むのは、良いことではありません。
感謝のみを捧げた神棚のお水には神気が宿り問題はありませんが、これを飲むという発想に「欲」があります。良いものは、流して自然に帰せばいいのです。それを自分の体に入れたいと思う気持ち……何か良いことを期待しているのでしょうか？　そのような発想では、正しい信仰などできません。

また、**仏壇や短冊に供えたお水やお茶は、必ず排水口から捨ててください。**仏壇や短冊に寄るのは、供養が必要な魂です。喉の渇きで苦しむ魂は、供えられたお水やお茶を飲もうとして、何度でも触ろうとします。でも、このお水やお茶は、お供えをした人間が捧げた気持ちの分しか飲めないことになっています。気持ちを込めずに、ただ機械的に供えられたものは、迷える魂には届かないのです。

飲みたいのに飲めない。そのような執着を受けた水は、負の波動を宿しやすいものです。

また、もし感謝の思いとともに水が捧げられて無事に届いたとしても、迷える魂が食した水です。生きた人間が飲むことは避けたほうが良いのです。

お供えしたお菓子については、捨てるのはもったいないので、感謝の気持ちで食べましょう。ただし、食べるならば早めに下げるのが望ましいです。

執着の強い魂が寄った食べ物は、傷みが早いので注意が必要です。

◆神鏡は大事？

神社や神棚に鏡が祀られる理由は、日本神話に登場する「八咫鏡（やたのかがみ）」に由来します。

天照太御神の子孫がこの世へ降りてくるとき、天照太御神は子孫に鏡を持たせました。

そして「この鏡を私自身、天照太御神だと思って大事にしてほしい」と伝えた、と神話には記されています。

鏡には誰でも映ることができます。ただし、映ることができるのは鏡の前に立った人だけです。鏡の前に立とうとしない人間は映らないのです。

天照太御神が伝えた「鏡を自分自身だと思ってほしい」とは、「鏡の前に立ち映る人間は、天照太御神自身である」と宣言したということです。

つまり天照太御神は、私たちの心の中の「幸せの神様」として万人に宿っており、人間の心が神様に向かっている間は鏡に姿が映るがごとく、その姿を現しているということです。

ただ、私たちがそのことに気づかずにいるだけです。

神棚には「鏡」という物体を設置することが大事なのではありません。

自分自身に天照太御神が宿っていることを、参拝するたびに思い直すことが大事なのです。

鏡は、その目印となる象徴にすぎません。

◆神棚の掃除

年に2回、**6月と12月下旬には神棚を掃除**することが大事です。特に年末には、神棚を設置している台と神棚本体を広い場所に出して掃除しましょう。

濡らして、固くしぼったタオルで水拭きすると、神棚がとてもスッキリとして再生されたようになります。

桶の水に粗塩を一つかみ入れた水でしぼったタオルを使用すると、神棚は特によく清められます。

神棚を丁寧に拭きながら感じるのは、「掃除する」という行為そのものが、神様への聖なるプレゼントになっているということです。

だから、しゃべりながらとか、TVをつけたままの掃除は良くありません。ただ「きれいにしたい」という気持ちだけで、集中して掃除しましょう。

◆先祖供養をする場に写真は置かない

仏壇や短冊などで先祖供養をする場には、故人の写真は置かないほうが良いでしょう。写真の故人だけではなく、ご先祖様全体への供養に専念することが、その愛する故人のための供養となるからです。

人が死ぬと、その家系の先輩であるご先祖様がお迎えに来ます。他のご先祖様が、その新入りの魂への供養のおすそ分けを受けることで、新入りの魂の面倒をより良くみてくれるようになるのです。

だから**自分が愛する故人を供養したければ、家系全体への供養をすること。**それによって、本当に供養を捧げたい故人へと優先的に届きます。写真などの個人を特定する物は、その故人のためにもなりません。

愛する故人の写真を飾りたい遺族の気持ちはわかります。しかし、亡くなった本人には次の世界があるのです。この現実の世界に自分を思い出す写真があると、こちらの世界に強く引き止められてしまいます。

日本仏教で人が死ぬと戒名（かいみょう）をつけるのは、名前さえも捨てて新しい旅を決意させるためです。

同様に、写真があると生前の自分の姿に執着して、旅立つタイミングを逃すことにもなります。タイミングを逃すと、なかなか成仏するのがむずかしくなります。だから遺族は健気に我慢して、故人を送り出すほうが良いのです。故人は安らかな気持ちで新しい世界へ旅立ち、遺族は故人を忘れずに感謝の気持ちを捧げ続ける……それが理想です。

とはいえ、遺族が故人を忘れたくないがゆえに、仏壇以外の場所に写真を置くのはしかたないでしょうね。ただし、写真を見たら明るい気持ちだけを持つことを忘れずに。

Column

動物の供養について

ペットなどの動物の供養は、次のとおり行いましょう。

①家の外で飼っていた動物ならば、いた場所の地面の上に専用の線香立てを置いて供養するか、地面が土ならば直接そこに線香を立てて供養します。

家の中で飼われていた動物ならば、動物がいつもいた場所の床の上に専用の線香立て（先祖供養の器とは別なもの）を置きます。

②動物の場合の供養は、半分に折った線香を1本か2本立てて供養します。このとき短冊は不要です。

③仕事柄、動物の死に関わることが多い人や、交通事故などに関係して死んだ動物への供養は、普段の先祖供養の後に行います。

先祖供養の後に続けて同じ器（先祖供養の線香立て）に、半分に折った線香を1本だけ、3本目の線香よりも自分側に立てて、感謝の気持ちを捧げてください。

人間と動物で線香の長さを変える理由は、供養を届ける先が違うためです。線香は長ければ良いというものではありません。動物に届かなければ意味がないからです。動物の魂には、人間の魂と区別した供養の形を示すことで届くのです。

そして動物への供養は、特に感情移入しないことが大事です。**動物の場合は、忘れてあげることが本当の供養**になります。

動物は人間と違い、死後に生まれ変わるサイクルが早いのです。この世に引き止めずに、早く送り出してあげることが亡くなった動物のためになります。たんたんと供養してあげましょう。

第4章

「幸せの神様」に感謝を捧げよう

① 日本の神様に会いに行こう

◆日本は神様に守られている

日本神話では、伊弉諾尊（いざなぎのみこと）と伊弉冉尊（いざなみのみこと）の男女の神が結婚し、日本の国土をつくった後に日本を守る神々を産んだとされています。

その伊弉諾尊から生まれたのが天照太御神（あまてらすおほみかみ）です。天照太御神は太陽の神。古代から日本の最高神として祀られてきました。

神道では、日本の神々はすべて天照太御神との関係性があります。

天照太御神が天（太陽）の神であるならば、地の神として信仰されてきたのが国常立太神（くにとこたちおおかみ）。天地創造、国土形成の元神とされています。

天と地の神……この日本で生まれた人間は、外国人も含めて全員が国常立太神の上で生まれ、天照太御神の下で育てられたといえます。

人間の心の中には、天照太御神と国常立太神の両神の因子が存在します。

私たちの生命を誕生させた産土神（うぶすなかみ）が、この両神につながっているためです。

人間は生まれてくるとき、生まれ出る地域の神様と自分の魂が結ばれることによって、母親のおなかの中に宿ることができるのです。産土神は、人間が生まれるために欠かせない神様といえます。

私たち人間は古代から、神様とともに生まれ、神様に見守られて生活してきたといえるでしょう。

このような神様たちをお祀りする場所が神社です。日本に住んでいるかぎり、どこにいても家の近くに神社があります。その神社は、感謝を捧げるかぎりは、すべて天照太御神へと通じています。

すべて丸ごと自分が良いと思える状態になるためには、神社で神様にいちいち細かいお願いごとをせず、生きている原点への感謝の気持ちを神様に伝えること。これが一番効果があります。

「生かしていただいて　ありがとうございます」……神社ではそのように参拝したいものです。

◆神社参拝とは自分自身の神様に参ること

私たちは全員が、生きている神様＝「幸せの神様」を心の中に宿しています。

神社に参るということは、肉体がない神社の神様に、生きた人間に宿る「幸せの神様」が会いに行くということ。

神様同士が出会う場所が神社です。


神社には御神体として鏡が祀られていますが、これは参拝する人の「幸せの神様」を映す意味があります。自己の内に宿る神様を鏡に映し、お参りする場所が神社。

神社は、自己の「幸せの神様」と出会う場所でもあるのです。


つまり神社参拝においては、お参りをする人間が重要なのです。

神様は私たちの中にいるのであって、神社にいるのではありません。神社は、自分の神様と出会う場所を提供しているにすぎないのです。

自分の心に宿る「幸せの神様」へ挨拶する場所が、全国にある神社であり、聖地でもあるのです。

しかし、**ほとんどの人間は、神社とは個人の願望を願う場所だと認識しているようです。**

わざわざ足を運んで、お賽銭を出しているのだから「神様はケチケチせずに願望を叶えてくれてもいいだろう」と思っているのでしょうか？

それを当然の権利のように思っているならば、こんな不信心はありません。**個人の願望を叶えるために神様を働かせようとするのは間違い**だし、ある意味怖いものしらずともいえます。

私たちが生きる世界では、ただほど怖いものはありません。言い換えれば、この世では、ただの物は何もないのです。

個人の利益を祈願して願いが叶えられた場合、祈願者の正しい努力の結果であれば何も恐れることはありません。

感謝の先祖供養をしているならば、ご先祖様の守護によって悪い存在を遠ざけ、本人の努力が誘導されて願いが叶えられたのかもしれません。

ご先祖様が子孫を助けるのは、親が子を助けるのと同じことですから、そのような場合は望みが叶ったことに対する見返りを求められることはありません。

しかし、そうではなく、知らず知らずのうちに神仏以外の魔物に祈願した場合は問題です。願いが叶って本人が忘れたころに、いろいろな利子をつけて見返りを請求されることになるのです。祈願によって事業の成功や金銭を得た見返りとして、健康を損ねたり、短命、子孫の不幸……いろいろあります。

イレギュラーな手段で得たものは、最終的には大損をします。

どの神社や寺社が魔物に置き換わっているのかは、一般の人々にはわかりません。その意味でも、神社参拝では願いをかけるのではなく、感謝を捧げることが大事なのです。

感謝を捧げるだけならば、たとえ相手が魔物でも問題はありません。

神社において神様が喜べば、参拝者は神様の嬉しい気に触れることになり、望まなくても良いことが起こるものです。

神社への参拝は鏡を見に行く行為です。

鏡に映るのは自分です。

悩みを祈願しに行けば、鏡に反射した悩みが自分に返ってきてしまいます。その結果、ますます苦しくなります。

いろいろと問題があっても現状への感謝を神様に捧げれば、自分が感謝したくなるようなことが返ってきます。

◆初詣は一宮神社へ

初詣は全国の神社で「今年はあれが欲しい」「これを叶えてほしい」と、神様を「使い走り」にするようなお願いがあふれることでしょう。
でも、本当の神様はそのような場所に寄るでしょうか？
人間の個人的な欲望を叶えるために働く神様の正体は、見返りを欲して交換条件で動く魔物が大半です。

初詣でも「生かしていただいて　ありがとうございます」と感謝のみを捧げたほうが、本当の神様にはよく届きます。感謝を捧げるかぎりは、どこの神社でもいいのです。

初詣の意味は、年の初めに神様にお願いを言いつけることではなく、今年一年の自分の計画を神様に宣言して達成を誓うことです。

本当の神様には感謝だけを捧げれば、すべてが真の意味で感謝をしたくなるような良い方向に導かれます。いちいち細かいお願いをするよりも、お得なのです。

初詣は自分が好きな神社に行くのが一番ですが、特別好きな神社がない場合は、地域にある「一宮（いちのみや）神社」へ参拝するのが良いでしょう。

一宮神社とは、その地域の中で最も社格の高いとされる神社のことであり、歴史の古い神社です。日本全国にまんべんなく存在しています。

一宮神社では、「神宮大麻（じんぐうたいま）」という伊勢神宮の御札も購入できます。

「一年の計は元旦にあり」と昔からいいますが、**元旦に一宮神社に参拝して今年一年の計画を神様に宣言し、自分が生きられることを感謝するのは大変良いこと**です。

神様が蔭から見守ってくださります。

②神社に行ってみよう　～縁があったら参拝したい神社

⛩伊勢神宮（三重県）

伊勢神宮とは、「皇大神宮（こうたいじんぐう、内宮＝ないくう）」や「豊受大神宮（とようけだいじんぐう、外宮＝げくう）」ほか、125社神社の総称です。

「内宮」に祀られているのは、最高神である「天照太御神（あまてらすおおほみかみ）」。御神体は三種の神器のひとつ「八咫鏡（やたのかがみ）」で、代々の天皇によって祀られてきたものです。ですから内宮は、皇室とのつながりの深い場所でもあります。

その内宮から車で30分ほどのところにある「伊雑宮（いざわのみや、いぞうぐう）」は、内宮の別宮（内宮を本家とするならば、分家のような間柄）。志摩地方の有名なお祭りである「御田植式（おたうえしき）」でも知られます。

「外宮」に祀られているのは「豊受大御神（とようけのおおみかみ）」。「御饌都神（みけつかみ）」とも呼ばれ、「御饌（みけ）＝神々に奉る食物」をつかさどる神様です。

このことから、現在では衣・食・住に関わる産業の守護神として広く信仰されています。内宮と同じく正宮と呼ばれますが、両宮は決して並列されるものではなく、あくまで内宮が中心とされています。

しかし私は、**外宮こそが神様とつながる場所であり、地球上でも稀(まれ)な聖地**であると感じます。私は伊勢神宮の外宮に行くと、シャンパンゴールドの光の柱が天空に向かってそびえ立つのが見えます。社殿ではなく遷宮の空き地のほうです。この光柱は比較的誰でも、感じたり見たりできると思います。午前10時から午後2時までの間が、光柱が見えやすい時間です。

また、伊雑宮を参拝してみると、いろいろなことが感じられると思います。その狭い神域には、今でも珍しい植物や生き物が実際に集まっています。まるで太古からの流れが、そのまま維持されているように……。

私には、外宮が「親」で、伊雑宮が「子」のような関係と感じられます。

外宮と伊雑宮は、できれば一度は訪れたい場所です。しかし、何をおいてもすぐに訪れなければいけないということではありません。家庭の都合や遠距離などの理由でなかなか行けない場合でも、感謝想起や先祖供養を続けていれば、ご縁で自然と訪れる機会が巡ってくるはずです。

とはいえ、伊勢神宮に訪れれば何かが変わるとか、奇跡が起こるとか、期待することとは何の意味もありません。あくまでも、神様に「参拝したい」という気持ちが大切です。

参拝は「感謝だけを捧げる」姿勢が重要です。これは全国どの神社でも大事なことです。

⛩白山比咩神社（石川県）

白山比咩神社（しらやまひめじんじゃ）は、「白山比咩大神（しらやまひめのおおかみ＝菊理媛神（くくりひめのかみ）ともいう）」「伊弉諾神（いざなぎのかみ）」「伊弉冉神（いざなみのかみ）」の三柱をご祭神として、古代から霊峰白山を神体山と仰ぎ祀ってきた神社。**全国に3000余社ある白山神社の総本山として、白山信仰の中心となる存在です。**

白山比咩神社にはさまざまな祭典行事がありますが、特に「お一日（ついたち）参り」が重要視されています。毎月一日に参拝するのですが、特別に早朝4時半から神事が始められています。

私はこの「お一日参り」は、とても良いことだと感じます。私は「一日の終わりを感謝の気持ちで締めククルことが大事」だと主張していますが、「お一日参り」は月単位での「ククリ直し」になります。それも本家本元のククリ秘め（ご祭神＝くくりひめのかみ）の神社で締め直すのですから！

ここで勘違いしていけないことは、受け身で「締め直される」のではなく、**自分で過去の罪や怠惰な心を締め直す気持ちを新たに持ち、参拝することが大事**だということです。そのような心持ちで参拝し、生かされている感謝の気持ちだけを捧げれば、結果的には自身の心を大きく締め直すことができるはずです。

「お一日参り」は、前月の罪や心のけがれを毎月一日に祓い、今月に持ち越さずに新たな始まりの月とすることです。人間とは怠惰なものですから、「毎月一日」などの目標となる日にちがなければ、ズルズルと参拝せずに過ぎていくものです。

白山比咩神社までは行けない皆さんも、地元の一宮神社か近所の神社に月に1度でもいいから参拝し、感謝の気持ちを捧げてみてはいかがでしょうか？

⛩白山中居神社（岐阜県）

白山中居神社（はくさんちゅうきょじんじゃ）は、白山神社のひとつであり、白山信仰との関わりが深い神社です。

「菊理媛神」「伊弉諾尊」「伊弉冉尊」という白山信仰お決まりの祭神に加えて、「天照太御神」「瓊々杵命（ににぎのみこと）」「猿田彦命（さるたひこのみこと）」という神話上のオールスターが勢ぞろいしています。

有名な神様を祀る神社は無数にありますが、ここの神社には神々が本当に鎮まっています。

神社の入り口から続く参道には、巨木と巨石が参拝者を阻むように存在し、人間よりも神様を守り祀る意思にあふれた神社の様相を維持しています。

神域に足を踏み入れると、神様への畏怖と畏敬の思いがわき起こり、この神社独特の神聖で荘厳な雰囲気に包まれます。

神様と向き合う、心地よい緊張感がある神社です。
数多い白山神社の中でも圧倒的な、迫力ある神気を放つ聖地です。

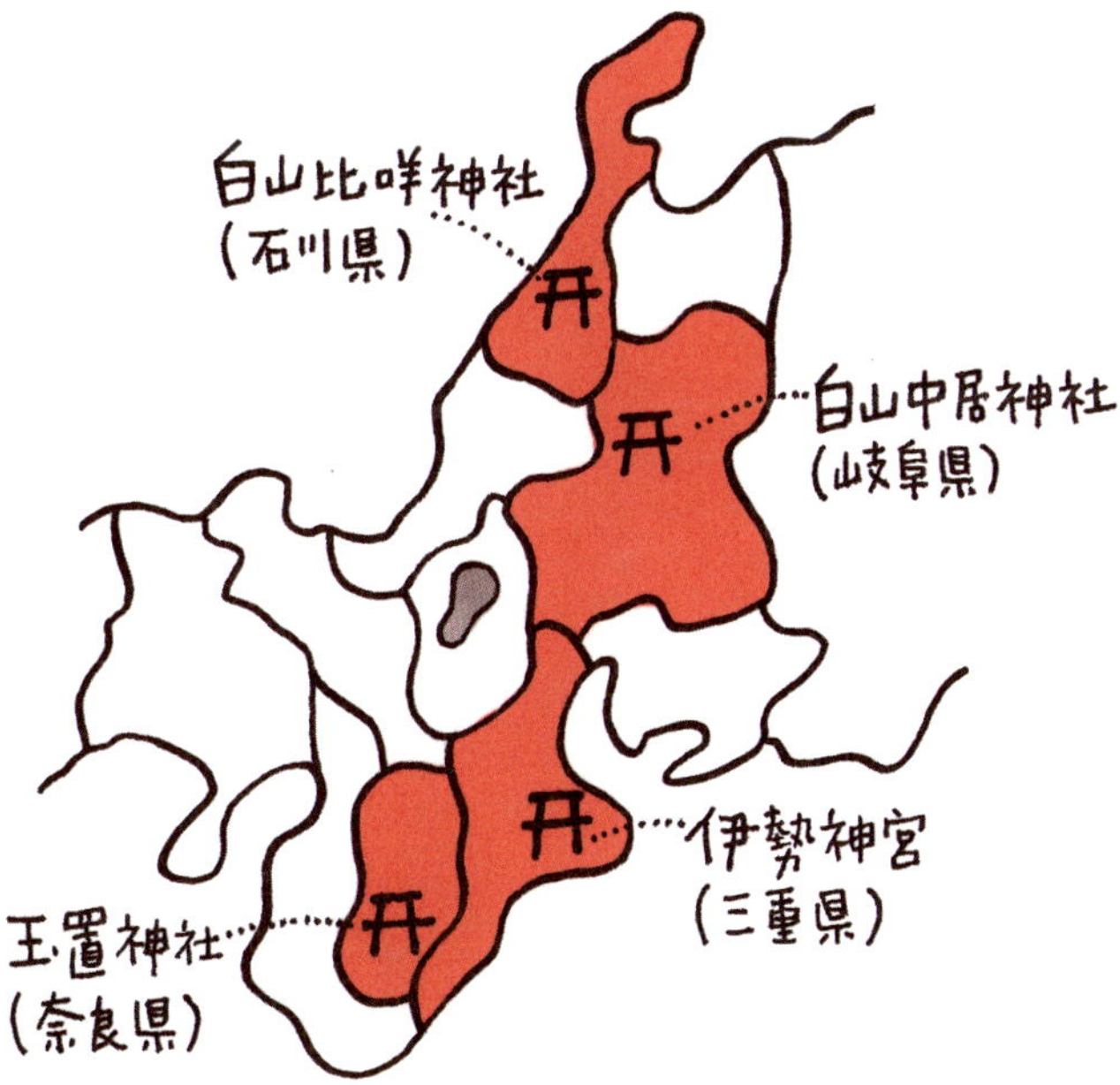
白山比咩神社
(石川県)
白山中居神社
(岐阜県)
伊勢神宮
(三重県)
玉置神社
(奈良県)

⛩玉置神社（奈良県）

玉置神社（たまきじんじゃ）は、奈良県吉野郡にある神社です。大峰山（おおみねさん）系の霊山のひとつである玉置山の頂上に位置し、紀元前からの歴史があります。**玉置神社は、和歌山県の熊野地方に鎮座する熊野本宮大社をはじめとする熊野三山の奥の院であるとされており、別格の由緒と歴史があります。**

特筆すべきは、この神社の参道。直径10ｍ級の神代杉が、普通にたくさん存在しています。

この巨木でおおわれた参道を歩くと、私はいつも視線を感じます。自然霊である天狗様が神域を見張っているのです。このような神社は日本でも数少ないです。このような神社では、木の枝を折ったり、ゴミを捨てたりしてはいけません。

3 神社での参拝方法

◆「幸せの神様」が喜ぶ参拝とは？

私は年に1度は、伊勢神宮へ参拝したいと思っています。でも、家庭を持つとなかなか時間とお金をかけて行けないのが実情です。

数年ぶりに参拝することになったとき、私は伊勢外宮や伊雑宮に参ることを本当に楽しみにしていました。意気込んで、やっとの思いで参拝しましたが、私の参拝は同行する家族も驚くぐらい、あっさりした短時間の参拝でした。

たとえ本殿前で、他の人が前にいても気にしません。その人の背中越しに参拝します。まあ、せっかくの参拝ですから、少し待ってでも先頭に立って参拝すれば気持ちのいいものですが、何が何でもと執着して気をもんでまで先頭に立つ必要はないと思っているのです。

神社ではときどき良い場所を長時間、一人で占有して参拝している人を見かけます。本人の心境としては、長く参ることで自分のことを神様に知らせたい気持ちなのでしょう。

でも**神様には参拝時間の長短どころか、参拝者の名前も住所もまったく関係ありません。**なぜなら、神様は参拝者の魂を見るのですから。神前で、そのような「我良し」の所作で参拝することほど神様が嫌うことはありません。神と感応するには、ほど遠い参拝です。だから余計に感じるものが得られないといって、だらだらと長居をするのです。

真の神様への参拝とは、神社へ行く計画段階から始まっているものです。参拝の当日は、むしろ最後の締めといえます。

神様には事前にどんな魂が来るのかわかっています。参拝計画を立てた時点から、神社の神様と自分の心の中の「幸せの神様」が感応して引き合い、参拝したい、参拝せずにはいられない気分になるのです。そのように参拝者の「幸せの神様」が引き出されることが真の参拝といえます。

◆二拝二拍手一拝

明治時代ごろから「二拝二拍手一拝」が最も標準的な参拝作法とされるようになりました。**神前にて、最初に2回お辞儀をしてから2回手を叩き、最後に1回お辞儀を行う所作**です。

ただ、神職が行う拍手の回数については古来からの伝えにより、いろいろな拝礼の形式があります。例えば、出雲系の国津神の神社では四拍手による拝礼が正式な作法とされていますし、伊勢神宮の神職には四拍手を2回繰り返す八開手（やひらで）という拍手が作法とされています。

そもそも、人間は喜びや感激を表現する手段としてパチパチと拍手をします。赤ちゃんも喜ぶと手をパチパチします。

これは全人類、世界共通の本能のようなものです。古代人も、やはりそうでした。神様に対して感謝と畏怖の気持ちを表現するのに、自然と拍手をしたようです。拍手

参拝の作法

手水舎

まずは
左手から
洗います
次に右手を
洗います
左手に水をうけて
口をすすぎます
もう1度
左手を洗います

二拝二拍手一拝

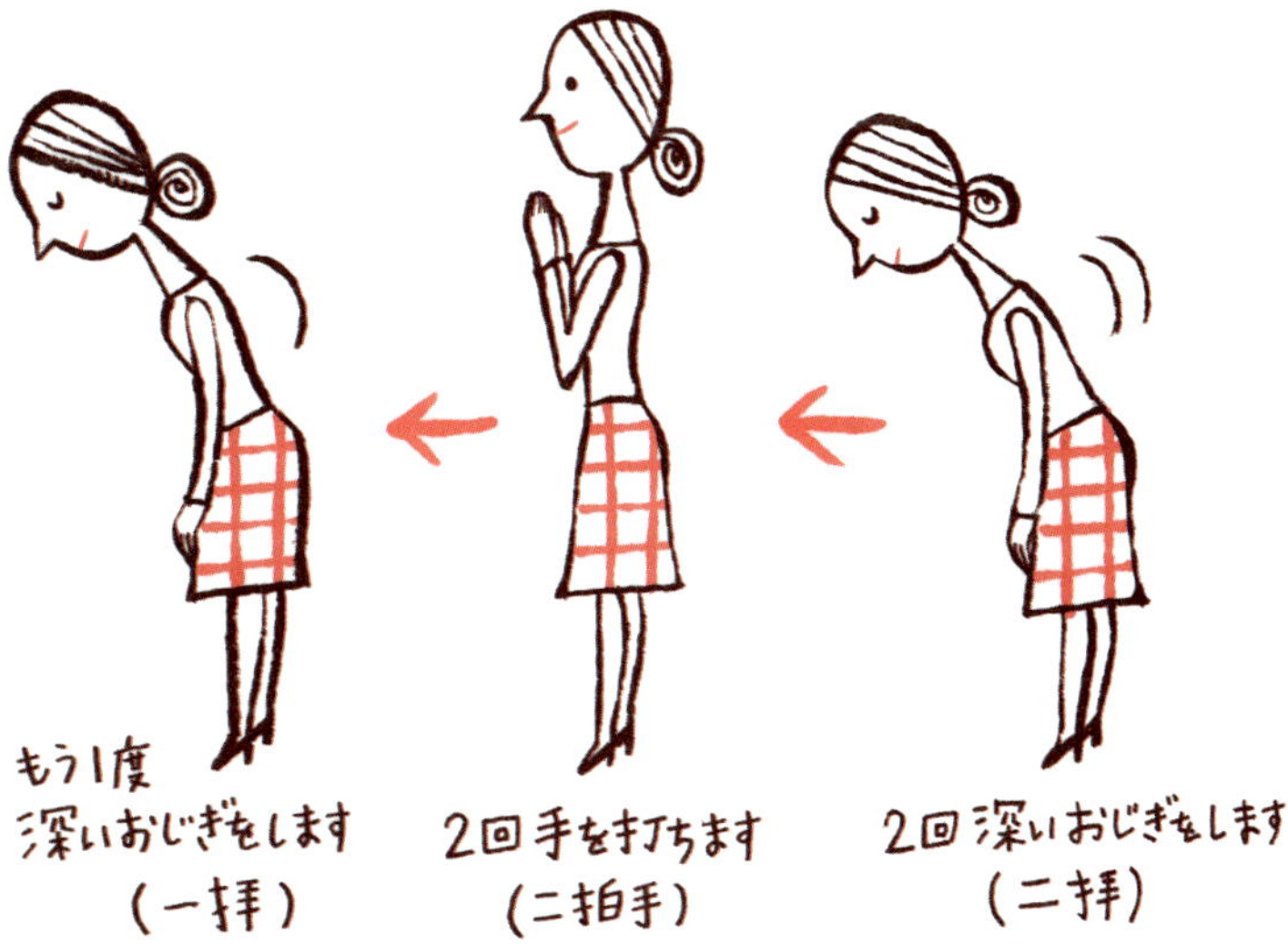
2回深いおじぎをします
（二拝）
2回手を打ちます
（二拍手）
もう1度
深いおじぎをします
（一拝）

をして神様を讃えていました。つまり、古代では拍手の回数は重要ではなかったともいえます。

結局、紆余曲折を経て現在の「二拝二拍手一拝」が標準となりましたが、**参拝で一番大事なのは神様に笑顔を奉納することです。**

参拝のときは形式だけにとらわれず、神様が笑顔になるような本物の感謝の気持ちを捧げたいものです。

◆お賽銭について

そもそも、なぜ神社で参拝するのに「お賽銭」が必要なのでしょうか?

それは、ほとんどの人間が「神社とは個人の願望を願う場所だ」という間違った認識を持っているからです。神様に願いを叶えてもらうために、お賽銭を出す。お賽銭を出したのだから、神様は願いを叶えてくれて当然だろう……そんな身勝手な祈願では、後で必ず重いツケを払うことになります。

何度も述べましたが、神社での参拝では「神様に感謝を捧げること」が大切です。だから**私はお賽銭をせず、感謝だけを捧げます。そして、機会があれば寄付をする**ようにしています。

神様に小銭を投げつけて用事を言いつけることは、とても失礼で畏れ多いことです。もし、同じことを人間がされれば、激怒する人がほとんどでしょう。

10
100
100

◆御守りや御札は買うべき？　古札の処分方法は？

御札は自分自身か、同じ家に住む家族が神社に行き、参拝した場合にのみ購入しましょう。郵送や他人からいただいたものは好ましくありません。

伊勢神宮まで行けない人は、地域の一宮神社で求めた「神宮大麻（じんぐうたいま）＝天照太御神の御札」1枚と、自分が住む地域の「氏神札」1枚のみを祀ればOKです。必要以上に御札を買い求めることは避けましょう。

自分が祀るべき氏神は、地図上で自宅から近い神社で良いのですが、単に近いだけだと寂れていたり荒れていたりと、いろいろ問題がある場合もあるかもしれません。

そんなときはまず、家から近い神社を順番に参拝していき、

①「なんとなく」良いかなと思った神社

②誰かが掃除をしている神社（きちんとした神様が鎮まる神社は大小に関わらず、掃除する人間を呼び寄せています）

を氏神として祀るといいでしょう。

「何も感じなくてわからない」「近くの神社が無人で、御札が手に入らない」などの場合は、地域の一宮神社（いちのみやじんじゃ）を自分の氏神として祀ります。

御札は「氏神札」だけは毎年新しいものに買い替えます。新年の参拝時に新しい御札を求めるといいでしょう。もし、新年に御札の交換ができなければ、正月から節分の期間内に交換できれば大丈夫です。

節分は、神様の世界の新年度ともいえる時期です。正月のような年の切り替わる日の意味があります。

「伊勢神宮の御札」は、行けた年に新しいものを求めて交換すればいいでしょう。また、御札は1年経たないうちに交換しても問題ありません。伊勢に行くたびに、年内に何回も新旧の御札を交換しても良いです。贅沢な話ですが。

御守りは気休めにすぎません。御守りを多数持ったり、願望祈願をする人ほど、逆に運の悪いことが多いような気がします。もしそうは思わない人がいるならば、本来はご先祖様の守護を受けてもっと良い機会があったのに、なくしてしまったことにも気がつかないだけです。

私たちを助けてくれるのは御守りではありません。ご先祖様です。だからこそ感謝の先祖供養が大事なのです。

最後に**古札の処分方法ですが、ゴミの日に普通のゴミとして捨ててもＯＫ**です。それでは怖いという人は、**神社の古札返却箱に入れるのが良い**でしょう。

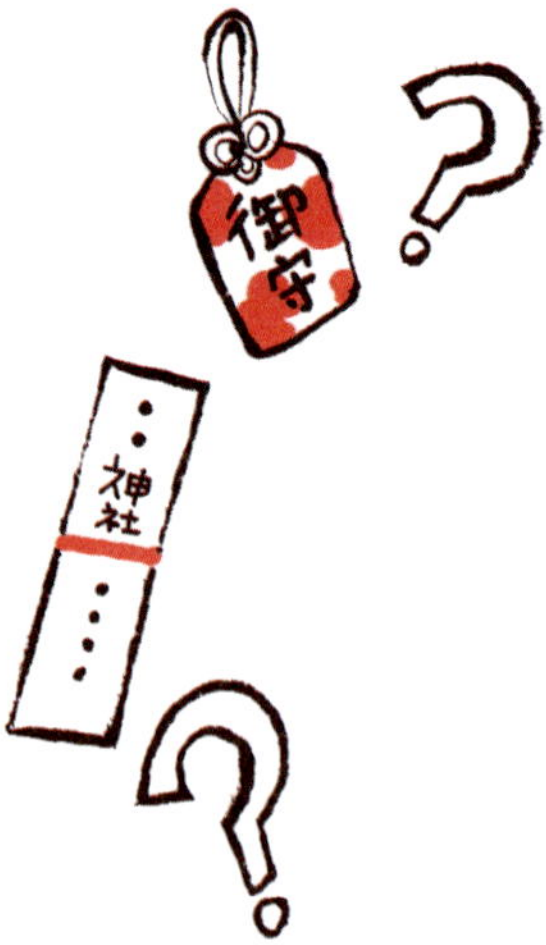
御守
神社

Column

忌中の神社への参拝について

近親者が亡くなった場合、四十九日間は神社参拝を控える、というのが基本です。

神社参拝の本来の目的は、自分自身から神様へ感謝の気持ちを捧げることです。神様に捧げるものは、いずれは鏡のように自分に跳ね返ってきます。神様に感謝を捧げれば、自分が他人から感謝される状況になります。神様に喜びを捧げれば、いつか自分が喜ぶことが起こります。

逆に、神社に悲しい気持ちで参拝した場合、神様には悲しみを捧げることになります。その場合は、悲しいことが自分自身に返ってきてしまうのです。

近親者が亡くなって悲嘆に暮れている最中に神社参拝をすれば、神様に何を捧げることになるでしょうか？　表面ではどんなに背伸びをして感謝の参拝をしても、神様に伝わるのはやっぱり悲しみです。

つまり、四十九日というのは、近親者が亡くなって悲嘆していても、2カ月近く経過すれば落ち着きを取り戻すであろうという、ただの目安です。だから四十九日を過ぎても深い悲しみに包まれているならば、やはり神社参拝を控えましょう。

逆に故人が長命で安らかな大往生をしたので、家族全員が心から安らかな心境でいるならば、四十九日を待たずとも参拝しても良いのです。

忌中の間、家庭にある神棚への参拝は、自分が悲しいと感じている間は、たんたんとお水の交換だけをしましょう。

礼を尽くすかぎりは、バチが当たることなど決してありません。

あとがき

今回の出版にあたり、できるだけむずかしい宗教用語や霊的な表現を控えてほしいとの要望を出版社から受けていました。心の世界をやさしく表現するために、その根底にあるエッセンスを消さないように配慮しながら、細心の注意と長い思考時間を要しました。

書き始めた頃は、「果たしてこれで私の真意が表現できているのか」と悩みました。

しかし、すべての項目を書き上げ、原稿を最初から通して読んでみると、自分でも素直に読めたことが新鮮でした。

本書の文章と同じように、本当の正しい信仰もシンプルで簡単なものです。子どもでもできる信仰が真理を表すと感じます。

余計な呪文や動作が多い信仰ほど、真理の本質から離れた「外見を気にする信仰」

です。

私は普段の日常生活の中にこそ、人間を真の幸福へ導く神様のサインが出ていると感じます。

この神様からのサインに気がつけるかどうか？が、人間の人生を変えるのです。

「素直な気持ち」でいることが、サインに気づく秘訣です。

素直な気持ちを維持するには、生活の中の「アタリマエ」な物事に感謝をすることです。そして、命を繋(つな)いだご先祖様に感謝を捧げることです。

今回の出版ができるのも、普段のブログを応援してくれる読者の方々、真客さん、ポリポリさんたちのお蔭だと感謝をしています。

「生かしていただいて　ありがとうございます」

伊勢白山道

伊勢白山道（いせはくさんどう）

古今東西のあらゆる時代の宗教的秘儀に天性的に精通します。

現在、著者は40歳代であり、中部のある地方都市においてサラリーマンをしながら毎晩、悩める人々にインターネットを介して無償で生きる勇気と霊的サポートを実践しています。

毎日のように更新される新しいブログ記事は、その内容と霊的知識が多くの専門家にも影響を与え、読者が体験する実際的に好転する良い変化はブログ読者を日々増やしています。

日々のアクセス数は出版時点で6万件を大きく超えています。

現在も数多くある精神世界サイトの中で、圧倒的1位の支持を数年間にわたり継続中です。

著書には「森羅万象　第1巻」「内在神と共に」（経済界）、「内在神への道」（ナチュラルスピリット）などがあります。

著者のブログ：http://blog.goo.ne.jp/isehakusandou

あなたにも「幸せの神様」がついている

著　者：伊勢白山道
発行者：伊藤　仁
編集人：小田切英史
発行所：株式会社主婦と生活社
〒104-8357　東京都中央区京橋3-5-7
編集部：☎ 03-3563-5194（代）
販売部：☎ 03-3563-5121（代）
印刷所：大日本印刷株式会社
製本所：株式会社明泉堂

ISBN978-4-391-13744-6

落丁、乱丁、その他の不良品はお取り替えいたします。